职业院校"十四五

新能源 汽车概论

主　编　杨晓强

副主编　杨永翀　陈炜炜

参　编　张志雄　刘发军　张　顺

机械工业出版社

本书全面、系统地介绍了新能源汽车的相关知识，主要内容包括新能源汽车的定义与分类，国内外新能源汽车政策、发展现状及发展趋势，纯电动汽车及混合动力汽车的类型、总体结构与基本原理，燃料电池电动汽车与其他能源汽车的结构原理与应用，新能源汽车起动操控、充电的操作方法及注意事项，以及新能源汽车高压作业安全与防护的相关要求。通过学习本书，读者可对新能源汽车的类型、结构原理、使用与维修、高压作业安全防护等内容有总体的认知。

本书全彩印刷，通俗易懂、图文并茂，有利于激发学生的学习兴趣。本书适合职业院校、技师类院校新能源汽车技术等汽车类专业的学生使用，还可供汽车销售顾问、售后服务顾问、保险理赔员、维修技师及其他汽车行业从业人员参考阅读。

本书还配有电子课件、教案等资源，凡选用本书的教师可登录 www.cmpedu.com 注册后免费下载。

图书在版编目（CIP）数据

新能源汽车概论／杨晓强主编. -- 北京：机械工业出版社，2024. 12（2025.9 重印）. --（职业院校"十四五"系列教材）. -- ISBN 978-7-111-77297-2

Ⅰ. U469.7

中国国家版本馆 CIP 数据核字第 2025Q6E015 号

机械工业出版社（北京市百万庄大街 22 号　邮政编码 100037）
策划编辑：王晓洁　　　　　　责任编辑：王晓洁　黄倩倩
责任校对：梁　园　陈　越　　封面设计：马精明
责任印制：单爱军
保定市中画美凯印刷有限公司印刷
2025 年 9 月第 1 版第 4 次印刷
184mm×260mm · 7.5 印张 · 183 千字
标准书号：ISBN 978-7-111-77297-2
定价：39.80 元

电话服务　　　　　　　　　　网络服务
客服电话：010-88361066　　　机 工 官 网：www.cmpbook.com
　　　　　010-88379833　　　机 工 官 博：weibo.com/cmp1952
　　　　　010-68326294　　　金 书 网：www.golden-book.com
封底无防伪标均为盗版　　机工教育服务网：www.cmpedu.com

前言 | PREFACE

　　本书全面落实党的二十大报告关于"实施科教兴国战略，强化现代化建设人才支撑""深入实施人才强国战略"的重要论述，明确把培养大国工匠和高技能人才作为重要目标，大力弘扬劳模精神、劳动精神、工匠精神，深入产教融合、校企合作，为全面建设技能型社会提供有力人才保障。

　　汽车工业的可持续发展面临能源和环境的双重挑战，发展新能源汽车已成为全球的共识。进入 21 世纪以来，各国均加大了对于新能源汽车产业的支持力度。

　　2012 年 7 月，国务院发布的《节能与新能源汽车产业发展规划（2012—2020 年）》中正式确立"纯电驱动"技术战略，通过纯电动汽车的率先产业化，带动插电式混动、燃料电池汽车等各类型新能源产品的全面发展。2012 年以来，我国相关主管部门先后出台了 40 余项支持新能源汽车产业发展的政策措施，覆盖从研发到生产、从推广到监管的各个环节，在全球范围内初步建立了较为完备的新能源汽车发展支持体系。经过 10 多年的发展，截至2023 年底，我国新能源汽车保有量达到 2041 万辆，其中 2023 年新能源汽车整体销量达到949.5 万辆，同比增长 37.9%，新能源汽车销售占汽车总销量的 31.6%。

　　新能源汽车保有量持续增长，社会亟须培养一批掌握新能源汽车基本结构和原理、熟知新能源汽车高压作业安全知识的产业服务人员。本书从新能源汽车的定义及分类出发，以市场上主流的纯电动汽车和混合动力汽车作为介绍对象，让读者建立基本的概念，掌握基本的车型结构，同时具备新能源汽车产业服务基本的安全常识。

　　本书由杨晓强任主编，杨永翀、陈炜炜任副主编，张志雄、刘发军、张顺参与编写。

　　由于编者水平有限，书中难免有不妥或者错误之处，恳请广大读者批评指正。

编　者

CONTENTS | 目 录

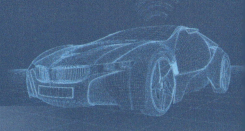

第1章
新能源汽车概述

1.1 新能源汽车的定义与分类

一、新能源汽车的定义

2012 年 6 月，国务院发布的《节能与新能源汽车产业发展规划（2012—2020 年）》（以下简称《规划》）对新能源汽车进行了定义，新能源汽车是指采用新型动力系统，完全或主要依靠新型能源驱动的汽车。本《规划》所指的新能源汽车主要包含纯电动汽车、插电式混合动力汽车及燃料电池汽车。

二、新能源汽车的分类

目前，国内普遍采用国家标准《电动汽车术语》（GB/T 19596—2017）中对电动汽车的分类，将电动汽车分为纯电动汽车、混合动力电动汽车和燃料电池电动汽车三类。

1. 纯电动汽车

（1）纯电动汽车的定义　纯电动汽车（BEV，Battery Electric Vehicle）是指驱动能量完全由电能提供、由电机驱动的汽车。电机的驱动电能来源于可充电储能系统或其他能量储存装置。

（2）纯电动汽车的组成　纯电动汽车主要由驱动电机、控制系统、变频器和动力蓄电池等系统，以及完成既定任务的其他工作装置组成，如图 1-1 所示。纯电动汽车主要依靠驱动电机从动力蓄电池获取能量以驱动车辆行驶。纯电动汽车与内燃机汽车相比最主要的变化是取消了发动机。驱动电机、控制系统和动力蓄电池是纯电动汽车的核心部件。除了动力驱

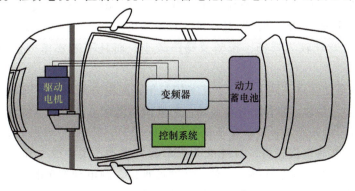

图 1-1　纯电动汽车的主要组成

动系统及动力蓄电池，纯电动汽车的其他装置与内燃机汽车基本相同。

（3）**纯电动汽车代表车型** 自 2008 年特斯拉首款纯电动跑车 Roadster 上市以来，特斯拉汽车公司先后开发了 ModelS、ModelX、Model3 和 ModelY 等系列车型。其中，Model 3（图 1-2）是特斯拉上海超级工厂制造的一款车型，其长续航全轮驱动版百千米加速为 4.6s。

图 1-2　特斯拉 Model 3

比亚迪汉 EV（图 1-3）是比亚迪旗下一款中大型轿车，有两驱和四驱版本，其中两驱版本搭载最大功率为 180kW 的电机，峰值转矩 350N·m，CLTC 续驶里程为 715km；四驱版本搭载最大功率为 308kW 的双电机，峰值转矩 700N·m，CLTC 续驶里程为 610km。

吉利帝豪 EV300（图 1-4）是吉利汽车于 2016 年发布的一款纯电动汽车。该车动力蓄电池采用三元锂电池，最大续驶里程为 300km。

图 1-3　比亚迪汉 EV

图 1-4　吉利帝豪 EV300

（4）**纯电动汽车的性能特点及优缺点**

1）纯电动汽车的性能特点。纯电动汽车在性能方面特点突出，加速性能强。例如，特斯拉 Model 3 高性能版车型由 0 加速至 100km/h 只需要 2.6s，其标准版本也只需 4.2s，这主要归功于电动机的性能。纯电动汽车电动机的转矩输出稳定，控制也比内燃机汽车容易，因此，纯电动汽车的行驶较为顺畅，振动及噪声较小，而且不需要像内燃机汽车那样频繁换档。

2）纯电动汽车的优点。纯电动汽车技术较简单，充电方便，只要有电力供应的地方就能够充电，如图 1-5 所示。对于使用者来说，电费相对便宜，使用成本低。

3）纯电动汽车的缺点。目前，由于电池材料的限制，纯电动车型动力蓄电池单位重量存储的能量较少，电池价格较贵，故纯电动汽车购买成本、维护成本和电池更换成本均较高，从而影响了消费者的购车选择。另外，在寒冷地区，纯电动汽车的续驶里程会受到比较明显的影响，导致纯电动汽车的销售受地域影响比较大。

图 1-5 纯电动汽车充电

2. 混合动力电动汽车

（1）混合动力电动汽车的定义 混合动力电动汽车（HEV，Hybrid Electric Vehicle）是指能够至少从两类车载储存的能量中获得动力的汽车，即可消耗的燃料和可再充电能（能量）储存装置。

（2）混合动力电动汽车的组成 混合动力电动汽车的主要组成如图 1-6 所示，主要包括发动机、动力蓄电池、驱动电机及控制器、变速器等部件。

图 1-6 混合动力电动汽车的组成

（3）混合动力电动汽车的分类及代表车型 汽车行业标准 QC/T 837—2010《混合动力电动汽车类型》对混合动力电动汽车的类型进行了严格划分。

1）按照动力系统结构形式划分。

① 串联式混合动力系统。串联式混合动力系统也称为增程式混合动力系统，车辆行驶系统的驱动力只来源于驱动电机，其结构示意图如图 1-7 所示。

串联式混合动力电动汽车的结构特点是发动机（内燃机）带动发电机发电，电能通过电机控制器（功率变换器）输送给电机，由电机驱动车辆行驶。另外，动力蓄电池可以单独向电机提供电能驱动车辆行驶。

在串联式混合动力汽车代表车型中，我国自主品牌理想汽车主要是增程式的动力结构形式，理想 L7、L8、L9 车型均采用了增程式混动结构，增程器部分搭载了理想自主研发、生

4

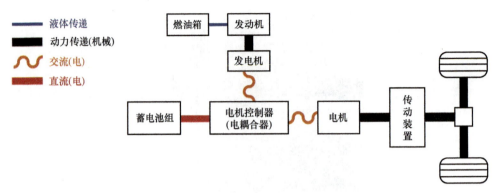

图 1-7　串联式混合动力系统结构示意图

产的 1.5T 四缸增程器，电池包容量为 42.8kW·h，在 CLTC 工况下可提供最大 210km 的纯电续驶里程，比理想 ONE 进步不少，而综合续驶里程高达 1315km。

② 并联式混合动力系统。并联式混合动力电动汽车的车辆行驶系统的驱动力由电机及发动机同时或单独供给，其结构示意图如图 1-8 所示。

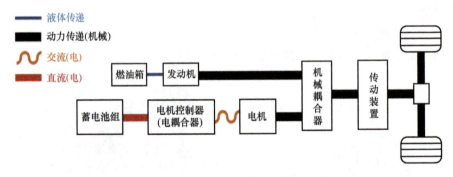

图 1-8　并联式混合动力系统结构示意图

并联式混合动力电动汽车的结构特点是并联式驱动系统可以单独使用发动机或电机作为动力源，也可以同时使用电机和发动机作为动力源驱动车辆行驶。

在并联式混合动力汽车代表车型中，奥迪混动旗舰车型 A6 L hybrid 的混合动力系统采用传统并联式结构。如图 1-9 所示，发动机和电机连接驱动系统协同提供高效强劲的动力输出，它从 0 到 100km/h 的加速官方给出的数据为 7.5s，最高时速为 240km/h，综合油耗符合工业和信息化部 6.4L 的标准，不仅动力比汽油版 2.0TFSI 更强，燃油经济性也提高了不少。

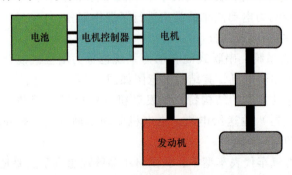

图 1-9　并联式混合动力系统结构示意图

③ 混联式混合动力系统。混联式混合动力系统是串联式和并联式结构的组合,具备串联式和并联式两种混合动力系统,其结构示意图如图 1-10 所示。

混联式混合动力电动汽车的结构特点是既可以在串联混合模式下工作,又可以在并联混合模式下工作,同时具备串联式和并联式混合动力电动汽车的特点。从另一方面来说,混联式的结构相对更为复杂,且成本较高。

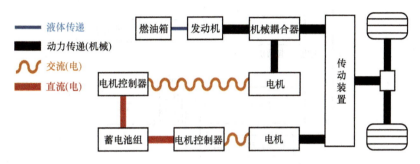

图 1-10　混联式混合动力系统结构示意图

在混联式混合动力结构形式应用方面,最具代表性的是丰田的 THS,如图 1-11 所示。丰田的 THS(Toyota Hybrid System)是典型的混联式混合动力系统,属于混联式强(全)混合动力系统。THS 已经从最初的 THS-Ⅰ 发展至最新的 THS-Ⅲ。目前国内在售的 THS 车型主要有丰田普锐斯、凯美瑞双擎、卡罗拉双擎和雷凌双擎等。丰田旗下的混合动力汽车在动力性和燃油经济性上都有较好的表现。其中,丰田凯美瑞双擎在城市工况下油耗可以达到 4.3L/100km,同时具备 7.9s 0~100km/h 的加速性能。另外,本田的 i-MMD 混动系统以及我国自主品牌比亚迪的 DM-i 混动系统均为混联式混合动力结构形式,其混合动力车型得到了市场和消费者的认可。

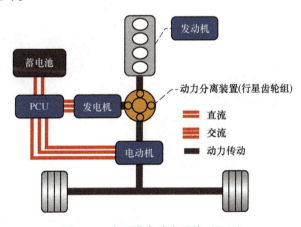

图 1-11　丰田混合动力系统（THS）

2）按照混合程度划分。根据混合动力系统中电机的输出功率在整个系统输出功率中占的比重,也就是常说的混合度的不同,混合动力系统还可以分为微混合动力系统、轻混合动力系统和重度(强或全)混合动力系统三种主要类型。

① 微混合动力系统。微混合动力系统是以发动机为主要动力源,电机作为辅助动力,具备制动能量回收功能的混合动力系统。微混的混合度一般在 10% 以下。

微混合动力电动汽车是在传统汽车发动机的起动机上加装了传动带来驱动起动电动机（Belt-alternator Starter Generator，即 BSG 系统）的。该电机为发电起动一体式电机，用来控制发动机的起动和停止，从而取消了发动机的怠速，降低了油耗，减少了排放。在微混合动力系统中，起动电动机的电压通常有两种：12V 和 42V，其中 42V 主要用于柴油混合动力系统。微混合动力系统的结构示意图如图 1-12 所示。

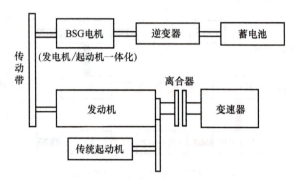

图 1-12　微混合动力系统的结构示意图

② 轻混合动力系统。轻混合动力系统是以发动机为主要动力源，电机作为辅助动力，在车辆加速和爬坡时，电机可以向车辆行驶系统提供辅助驱动力矩。一般情况下，轻混的混合度在 10%~30%。轻混合动力系统的代表车型有本田第一代 IMA 混合动力系统，如图 1-13 所示。

图 1-13　本田第一代 IMA 混合动力系统

③ 重度（强或全）混合动力系统。重度（强或全）混合动力系统以发动机和（或）电动机为动力源，且电动机可以独立驱动车辆行驶。与轻混合动力系统相比，重度混合动力系统的混合度更高，可以达到 30% 以上。比较典型的重度混合动力系统主要有丰田 THS-Ⅰ、THS-Ⅱ 等混合动力系统和本田第二代 SPORT HYBRID（i-DCD、i-MMD 和 SH-AWD）混合动力系统以及比亚迪 DM-i、DM-p 混合动力系统等。

3）按照外接充电能力划分。

① 可外接充电式混合动力汽车。可外接充电式混合动力汽车是指车辆在正常使用情况

下可以从非车载装置中获取电能的混合动力电动汽车。插电式混合动力电动汽车（PHEV）属于此类。主要代表车型有比亚迪唐 DM-I、宝马 535le 和问界 M5 增程版等。

② 不可外接充电式混合动力汽车。不可外接充电式混合动力汽车是指车辆正常使用情况下从车载燃料中获取全部能量的混合动力电动汽车。主要代表车型有丰田凯美瑞双擎、本田雅阁双擎等。

4）按照行驶模式的选择方式划分。

① 有手动选择功能的混合动力电动汽车。有手动选择功能的混合动力电动汽车是指车辆具备行驶模式手动选择功能。车辆可选择的行驶模式包括发动机模式、纯电动模式和混合动力模式。主要代表车型有比亚迪宋 DM-I、吉利星越 L 和问界 M7 增程版等。

② 无手动选择功能的混合动力电动汽车。无手动选择功能的混合动力电动汽车是指车辆不具备行驶模式手动选择功能。车辆的行驶模式根据不同工况自动切换。主要代表车型有丰田卡罗拉双擎、本田 CRV 双擎等。

5）按照能源存储装置划分。按照电能储存系统进行划分，混合动力电动汽车可以分为动力蓄电池式混合动力系统、超级电容器式混合动力系统、机电飞轮式混合动力系统和动力蓄电池+超级电容器组合式混合动系统四种。如马自达开发的 i-ELOOP 超级电容混合动力系统的结构如图 1-14 所示。

蓄电池
为车辆电器供电

DC/DC降压变换器
降压范围:25V→12V

可变电压发电机
变压范围:
12～25 V

超级电容
电双层电容器（EDLC）

图 1-14 马自达 i-ELOOP 超级电容混合动力系统

（4）混合动力电动汽车的优缺点

1）混合动力电动汽车的优点。

① 省油效果好。混合动力电动汽车最大的特点就是"省油"。在汽车消费市场中，丰田卡罗拉双擎、雷凌双擎、凯美瑞双擎、雷克萨斯 CT200、本田雅阁双擎和比亚迪秦等车型最受消费者喜爱，甚至有些车型被作为网约车使用，消费者普遍反映节油效果良好。

② 续航能力强。相比于纯电动车型和传统燃油车型，混合动力车型因为具备两类车载能源，故综合续航能力要优于其他车型。2017 年，在广汽本田"雅阁锐混动极限挑战赛"

上，一名雅阁锐混动车主选手以"一箱油续驶里程 2110.2km"的全新纪录成为本次挑战赛总冠军，超过 2110km 的续航能力颠覆了人们对于混合动力电动汽车的认知，让消费者对混合动力汽车有了更加深刻的了解。

2）混合动力电动汽车的缺点。

① 车型价格高。混合动力电动汽车由于车辆结构复杂，所以价格普遍高于普通燃油车或者纯电动车型。但是近几年，由于技术的不断更迭，成本逐渐降低，混合动力车型的价格也有所降低。

② 维修费用高。混合动力电动汽车装配了动力蓄电池等高压部件，在车辆过质保期后一旦损坏，维修费用较高。

3. 燃料电池电动汽车

（1）**燃料电池电动汽车的定义**　燃料电池电动汽车是一种利用车载燃料电池装置产生的电能作为驱动动力的汽车。其中，车载燃料电池装置所使用的燃料主要为高纯度的氢气或者是含氢燃料经重整所得到的高含氢重整气。

燃料电池电动汽车与其他电动汽车相比，不同之处在于燃料电池电动汽车所用的电能来自于车载的燃料电池装置，而电动汽车所用的电能来自可充电的动力蓄电池。

（2）**燃料电池电动汽车的组成**　燃料电池电动汽车的组成如图 1-15 所示，主要由动力蓄电池、驱动电机、高压储氢罐（氢瓶）、燃料电池堆等组成。

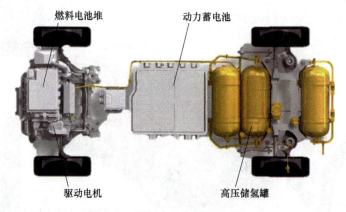

图 1-15　燃料电池电动汽车的组成

（3）**燃料电池电动汽车的主要优点**

1）续驶里程长。燃料电池电动汽车利用氢气和氧气的电化学反应来产生电能，能够提供更长的续驶里程。

2）燃料加注快速。相比其他电动汽车需要较长的电池充电时间，燃料电池电动汽车可以通过注入氢气进行快速充能，时间较短，提高了车辆使用的便利性。

3）能源利用高效。燃料电池电动汽车的氢气和氧气反应产生电能的效率高达 50% 以上，相较于传统的内燃机动力系统更为高效。

4）零排放。燃料电池电动汽车电化学反应的产物是纯净的水蒸气，并不会产生二氧化碳或其他污染物，具有零排放的显著优势。

（4）燃料电池电动汽车的缺点

1）基础设施不完善。燃料电池电动汽车工作时需要充足的氢气供应，目前建设完成的氢气加注站较少，基础设施不完善，限制了其后续的发展。

2）高成本。燃料电池电动汽车的制造成本较高，主要原因是燃料电池的生产制造以及氢气储存的方法相对普通电动汽车的电池技术要昂贵。

3）存在安全隐患。氢气具有易燃易爆的性质，燃料电池电动汽车需要使用额外的安全措施来确保汽车运行过程的安全性。同时，在进行气体加注和存储的过程中可能面临气体泄露导致事故发生的风险。

4. 其他能源汽车

（1）燃气汽车　燃气汽车是指利用可燃气体作为驱动能源的汽车。常见的燃气汽车根据使用的燃气不同，可以分为压缩天然气汽车（CNGV）、液化天然气汽车（LNGV）和液化石油气汽车（LPGV）等。

（2）生物燃料汽车　生物燃料汽车是以生物燃料作为动力源的一种新型汽车。生物燃料（bio-fuel）指的是由生物本身组成或萃取的燃料，主要用来代替汽油和柴油，是目前可再生能源开发利用的主要方向。生物燃料包括植物、动物和微生物，不同于石油、煤炭和核能等传统燃料，这些新兴的燃料是可再生资源。

思考与练习

一、填空题

1. 2012 年 6 月，国务院发布的《节能与新能源汽车产业发展规划（2012—2020 年）》对新源汽车进行了定义，新能源汽车是指采用_____，完全或主要依靠_____驱动的汽车，本规划所指新能源汽车主要包含_____、_____及_____。

2. GB/T 19596—2017《电动汽车术语》中将电动汽车分为_____、_____及_____三类。

3. 纯电动汽车主要由_____、_____及_____等系统组成。

4. 混合动力电动汽车主要由_____、_____、_____、_____、_____等系统组成。

5. 混合动力电动汽车按照动力系统结构形式不同可以划分为_____、_____及_____三类。

6. 根据混合动力系统中，电机的输出功率在整个系统输出功率中占的比重，也就是常说的混合度的不同，混合动力系统还可以分为_____、_____及_____三种主要类型。

7. 混合动力电动汽车根据是否具备外接充电能力分为_____及_____两种类型。

二、判断题

1. 并联式混合动力系统也称为增程式混合动力系统。　　　　　　　　（　　）

2. 串联式混合动力系统中的发动机只用来发电。　　　　　　　　　　（　　）

3. 并联式混合动力电动汽车中的发动机可以用来驱动车辆行驶。　　　（　　）

4. 混联式混合动力系统是串联式和并联式结构的组合，同时具备串联式和并联式两种

混合动力系统的结构特点。 （　　）

5. 丰田的 THS（Toyota Hybrid System 的缩写）是典型的混联式混合动力系统，属于混联式强（全）混合动力系统。 （　　）

6. 在传统汽车发动机的起动机上加装了传动带来驱动起动电动机的系统属于微混合动力系统，可以取消发动机的怠速，降低油耗和减少排放。 （　　）

7. 不可外接充电式混合动力汽车是指车辆在正常使用情况下从车载燃料中获取全部能量的混合动力电动汽车。 （　　）

8. 可外接充电式混合动力汽车主要依靠发动机发电补充蓄电池电能。 （　　）

三、简答题

1. 简述纯电动汽车的定义。

2. 简述混合动力电动汽车的定义。

3. 简述燃料电池电动汽车的定义。

4. 简述新能源汽车号牌的样式及主要特点。

5. 查阅资料，分别介绍一款纯电动车型、混合动力车型和燃料电池车型。

6. 简述纯电动汽车的优点和缺点。

7. 简述混合动力电动汽车的优点和缺点。

1.2 新能源汽车发展概况

一、新能源汽车的发展背景

人类社会利用化石能源创造工业文明的同时，也带来了环境污染、气候变暖、生态恶化等严重的后果，对人类的生存与发展构成了严重的威胁。面对日益严峻的能源与生态危机，在联合国发展大会上各国达成共识，人类需要寻求更节约、可持续发展的生产和生活方式。而以新一轮技术革命为支点，以发展新能源汽车为突破口，推进和实现汽车产业革命成为公认的思路。

1. 能源短缺

随着全球汽车保有量的持续增长，世界各国对石油资源的需求与日俱增。工业、交通、物流等领域每年都要消耗大量的石油资源，使石油这一不可再生资源持续高速锐减，世界性的石油危机不断上演。

随着我国经济的持续高速增长，石油的消费缺口不断扩大。根据有关资料统计显示，我国是世界上第二大原油消费国，并是最大的原油进口国。然而，我国石油资源相对匮乏，原油进口量增速多年维持在高位，达到70%以上，能源需求供给缺口越来越大。与此同时，当前世界政治、经济格局发生根本性变化，能源供求关系也彻底改变。发展新能源汽车可以扭转我国国民经济发展对石油资源过分依赖的局面，从而有效地保障国家能源安全，从根本上解决经济发展在能源方面面临的一系列新的问题和挑战。

2. 环境污染

随着汽车大规模普及，环境污染问题也越来越严重。传统燃油汽车尾气排放对大气造成了污染并形成了雾霾、光化学烟雾等危害，同时，这些排放污染物会产生温室效应，破坏臭氧层，产生酸雨、黑雨等现象，严重影响人类的生存与发展。

3. 新产业新经济

近年来，世界汽车主要生产国均加大了对新能源汽车产业的政策扶持力度。在国家政策的大力扶持和汽车企业的持续研发投入下，在过去的十多年里，我国在发展新能源汽车方面已经取得了令人瞩目的成就。据统计，2019年我国新能源汽车销量达到120.6万辆，连续五年位居全球新能源汽车产销第一大国，从而形成了围绕新能源汽车核心技术的动力蓄电池、电控、电机技术的完整产业链，带动中国从汽车大国迈向汽车强国的同时，也形成了新能源汽车研发、设计、制造新的产业模式，带来了新的经济增长方式。

二、新能源汽车的发展现状

1. 国外新能源汽车发展现状

（1）美国 美国是汽车工业的发达的国家之一，汽车产量和保有量均位居世界前列。2007年1月，美国政府提出在未来10年内将汽油使用量降低20%，鼓励以混合动力电动汽车为代表的新能源汽车的使用。美国政府提供资金，支持通用汽车公司、福特汽车公司、通用电气公司关于新能源汽车的研究项目。同时，美国政府为推进插电式混合动力汽车计划，连续出台了支持动力蓄电池、关键零部件的研发和生产，支持充电基础设施建设，支持消费者购车等强力措施。2003 年成立于美国硅谷的特斯拉汽车公司，就是获得了美国能源部 4.65 亿美元的贷款，专门用于开发纯电动汽车。在美国政府的支持下，特斯拉引领了全球纯电动汽车的发展，开创了全球纯电动汽车发展的新局面。据有关资料统计，2022 年，美国新能源汽车销量达到 99.2 万辆，临近百万大关，同比增长近 52%，其中，纯电动汽车（BEV）销量同比增长近 70%，占所有电动汽车销量的 80% 以上。特斯拉品牌以超过 50% 的市场份额在 2022 年保持市场绝对领先地位。

（2）欧洲 在新能源汽车研发方面，2012 年欧盟已拨付 14.3 亿欧元支持电动汽车研发，其中 70 亿欧元贷款支持制造商生产清洁能源汽车。德国电动汽车的发展在欧洲处于领先地位，2004 年，宝马公司就研发出一款搭载 6.0L V12 氢燃料发动机的 H2R 赛车，最高车速可以达到 300km/h。2009 年，德国政府推出的 500 亿欧元经济刺激计划中，很大一部分用于电动汽车研发。欧盟区发起成立的"零排放汽车联盟"宣布，到 2050 年全面禁止联盟内国家和地区燃油车型的生产与销售。目前，荷兰、挪威已宣布 2025 年停止销售燃油车，德国也已宣布 2030 年完全停止燃油车生产和销售。

（3）日本 由于日本的石油资源极其匮乏，石油几乎全部依赖进口，日本汽车公司很早就积极开展和推进各种新能源汽车的研究和市场化工作，其混合动力汽车处于世界领先地位。丰田公司于 1997 年推出全球首款量产混合动力电动汽车——丰田普锐斯，一经上市就受到市场好评，在日本本土、欧洲和美国均取得了不俗的销量。据统计，截至 2022 年，丰田混合动力车型全球累计销量已突破 2000 万辆，全球每 10 辆混合动力汽车中就有 7 辆来自于丰田。除丰田外，其他日本汽车企业也陆续推出新能源车型，如本田 Insight 混合动力汽车、日产 LEAF 和三菱 i-MiEV 纯电动汽车等。

另外，日本还快速发展燃料电池汽车技术，日本丰田、本田汽车公司均已成为当今世界燃料电池汽车市场上的重要企业。丰田 Mirai 作为丰田旗下一款氢燃料电池汽车，于 2014 年 12 月 15 日在日本正式上市。本田也在 2015 年东京国际车展上，正式发布了旗下氢燃料电池车型 FCV 的量产版，并公布了其正式的名字——CLARITY。该款车型采用氢燃料电池动力系统，最大续驶里程可达 700km，在燃料耗尽后 3min 即可充满燃料。

日本政府于 2009 年 6 月推出了"下一代汽车"计划，即包括混合动力汽车、纯电动汽车和燃料电池汽车。该计划力争到 2050 年使环保型汽车占据整个汽车市场的一半左右。为了实现这一计划，日本政府通过援助电动汽车基础设施建设、减税和补贴等政策，促进环保型汽车的发展。2010 年 4 月 12 日，日本经济产业省提出一份报告，称到 2020 年，混合动力汽车和纯电动汽车等"下一代汽车"将占新车销量的 20%~50%，即"2010 年下一代车辆战略"，报告还提出到 2020 年建设 200 万个普通充电站和 5000 个快速直流桩的目标。

2. 我国新能源汽车发展现状

（1）新能源汽车产业开始阶段政策 我国新能源汽车产业始于 21 世纪初。为了跟踪研究国外汽车战略性高技术发展情况，提高我国汽车产业自主创新能力，坚持战略性、前沿性和前瞻性，以汽车产业前沿技术研究发展为重点，统筹部署汽车产业高技术的集成应用和产业化示范，充分发挥高技术引领未来发展的先导作用，2001 年新能源汽车研究项目被列入国家"十五"期间的"863"重大科技课题，并规划了以汽油车为起点，向氢动力车目标挺进的战略。汽车企业响应战略要求，积极参与开发氢燃料电池汽车。

2001 年开始，我国发展节能与新能源汽车的技术战略已逐步形成"三纵三横"的布局（图 1-16）。"三纵"是指混合动力汽车技术、纯电动汽车技术和氢燃料汽车技术同步发展作为不同阶段的产业化目标；"三横"是指以电池及电池管理系统、电机及驱动系统、能源动力总成控制系统为重点突破方向，"三横"是实现不同阶段产业化目标的技术基础。

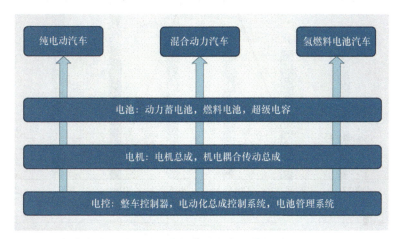

图 1-16 节能与新能源汽车"三纵三横"布局

（2）新能源汽车产业推广阶段规划及发展状况 2012 年 5 月，国家通过《节能与新能源汽车产业发展规划（2012—2020 年）》（以下简称《规划》），对技术路径、产业目标、基础设施、财政补贴、金融支持等方面进行了系统的规划，可以看作是我国新能源汽车发展的最高纲领性文件，指导意义非凡。该《规划》正式确立了"纯电驱动"技术转型战略，回避发动机、变速器等弱项竞争，通过纯电动汽车的率先产业化，带动插电式混动、燃料电池汽车等各类型新能源产品的全面发展。

2012 年以来，我国相关主管部门先后出台了多达 40 余项政策措施来支持新能源汽车产业发展。覆盖从研发到生产、从推广到监管的各个环节，在全球范围内初步建立了较为完备的新能源汽车发展支持体系。在《规划》的战略指引、政府的积极作为、科技的支撑引领、巨大的市场规模和新商业模式的共同作用下，我国新能源汽车产业在研发、产业、市场、政策创新和基础设施建设方面具备了明显的综合优势。

我国政府通过建立完善的推进政策体系，尤其是财政补贴、公共领域新能源补助，来启动新能源发展，快速拉开了新能源汽车时代的序幕，并在短时间内成为全球新能源汽车产销第一大国，并且新能源汽车销量保持良好的增长态势。如图 1-17 所示，截止到 2018 年，我国新能源汽车年销量首次突破百万辆，达到 125.6 万辆，同比增长 61.65%。

（3）新能源汽车长远发展规划 2019 年 12 月 3 日，工业和信息化部向全社会公开征求关于《新能源汽车产业发展规划（2021—2035 年）》（征求意见稿）的意见。新的发展规划旨在接力《节能与新能源汽车产业发展规划（2012—2020 年）》，通过进一步明确产业发展新愿景，凝聚行业共识，坚定发展信心，推动新能源汽车产业高质量、可持续发展。提出到 2025 年，新能源汽车新车销售量达到汽车新车销售总量的 20% 左右，高度自动驾驶汽车实现限定区域和特定场景商业化应用，充换电服务便利性显著提高。

力争经过 15 年的持续努力，我国新能源汽车核心技术达到国际先进水平，质量品牌具

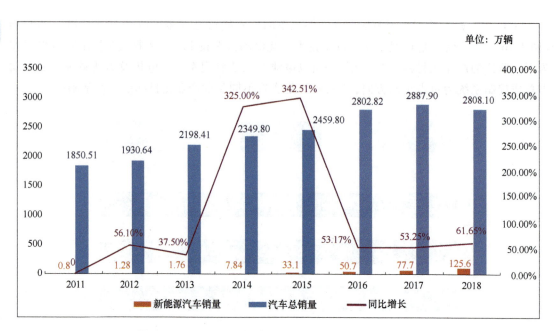

图 1-17　2011—2018 年我国新能源汽车销量及增长情况

备较强国际竞争力。纯电动汽车成为新销售车辆的主流，公共领域用车全面电动化，燃料电池汽车实现商业化应用，高度自动驾驶汽车实现规模化应用，充换电服务网络便捷高效，氢燃料供给体系建设稳步推进，有效促进节能减排水平和社会运行效率的提升。

　　如图 1-18 所示，2019 年以来，中国新能源汽车销量继续保持稳步增长的趋势。在政策和市场的双重作用下，2022 年我国新能源汽车持续爆发式增长，全年新能源汽车整体销量达到 688.7 万辆，同比增长 93.4%，连续 8 年位居全球第一，同时新能源汽车新车销售量占汽车新车销售 25.6%。

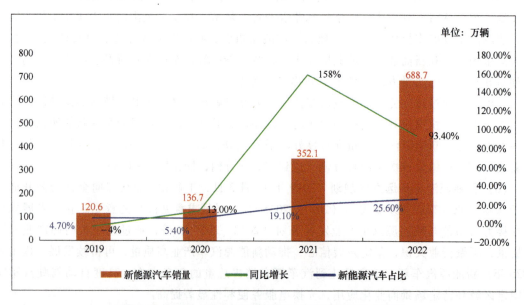

图 1-18　2019—2022 年我国新能源汽车销量及占比情况

新能源汽车不仅国内销量屡创新高,出口量也稳步提升。从 2022 年的汽车出口水平来看,中国新能源汽车的高性价比不仅得到国内市场的认可,甚至拉动了中国汽车出口的整体水平。2022 年,中国汽车出口 311.1 万辆,同比增长 54.4%,相比 2018—2020 年的 100 万辆左右,以及 2021 年的首次突破 200 万辆大关,2022 年显然增长更为突出。其中中国新能源汽车的国际市场表现更是强劲,2022 年新能源汽车出口达到 67.9 万辆,同比增长 1.2倍,达到汽车整体出口总量的 21.8%。

三、新能源汽车的发展趋势

随着科技的发展,信息网络、传感器、大数据等技术逐渐成熟,当今世界已快速走向智能化时代。传统的汽车产品已不能满足社会的需要,难以符合环境友好型、资源节约型的总体发展趋势。在此背景下,汽车正向着电动化、智能化、网联化和共享化的汽车产业"新四化"方向转型。2020 年 2 月,国家发展改革委、科技部、工业和信息化部等 11 个部门联合颁布《智能汽车创新发展战略》,明确指出智能汽车已成为全球汽车产业发展的战略方向。

一些国家积极营造良好的发展环境,部分跨国企业也率先开展产业布局,智能汽车已成为汽车强国战略的重要发展方向。我国汽车产业体系趋于完善,品牌质量逐步提升,关键技术不断突破,发展基础较为扎实。路网规模、5G 通信、北斗卫星导航定位系统水平国际领先,基础设施保障有力。汽车销量居世界首位,新型城镇化建设快速推进,市场需求前景广阔。我国已具有较好的跨领域产业基础,智能网联汽车的发展,将有利于提升我国产业基础能力,加速汽车产业转型升级,提高交通效率,促进节能减排,增强新时代国家的综合实力。

智能网联汽车是指搭载先进的车载传感器(雷达、摄像头)、控制器(路径规划、任务决策等模块)、执行器(如线控转向系统、驱动系统,完成来自控制模块的指令)等装置,并融合现代通信与网络技术,实现车与 X(人、车、路、云端等)的智能信息交换、共享,使车具备复杂环境感知、智能决策、协同控制和执行等功能,实现安全、舒适、节能、高效的行驶,并最终可替代人来操作的新一代汽车,如图 1-19 所示。

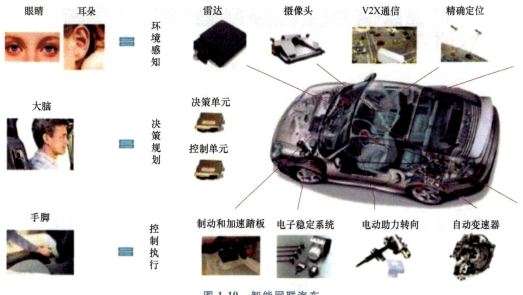

图 1-19　智能网联汽车

相比内燃机，新能源汽车所搭载的电机系统几乎可以实现对控制指令的瞬时响应，更适合智能化汽车的发展。新能源汽车的电力平台可支撑更多的智能设备同时运行，更加符合智能汽车对反应速度的要求。

新能源汽车平台在电信号的反应速度与控制精度方面，对于汽车智能化具有更好的适应性，新能源汽车无疑是智能化技术部署应用的最佳载体。2020年4月，新能源汽车销售前三名的全部是智能汽车，搭载智能化技术的新能源汽车平均占比达到75%。经过十多年产业培育，我国已有全球最大、先发优势最明显的新能源汽车市场，这为我国新能源汽车智能化发展提供了较好的机遇。

国家对于智能网联汽车的发展规划如图1-20所示。

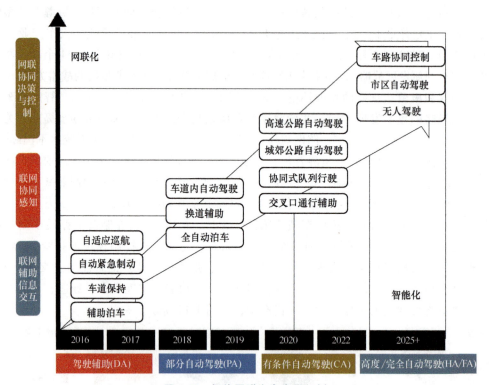

图1-20　智能网联汽车发展规划

规划中提出，到2022年，实现有条件自动驾驶（CA）乘用车技术的应用。2025年之后，逐步实现高度自动驾驶（HA）和完全自动驾驶（FA）乘用车技术的规模化应用。

思考与练习

一、填空题

1. 2001年新能源汽车研究项目被列入国家"十五"期间的"863"重大科技课题，并规划了以＿＿＿＿为起点，向＿＿＿＿目标挺进的战略。

2. 我国发展节能与新能源汽车的技术战略"三纵三横"布局中，"三纵"是指＿＿＿＿、＿＿＿＿、＿＿＿＿；"三横"是指＿＿＿＿、＿＿＿＿、＿＿＿＿。

3. 2019 年 12 月 3 日，工业和信息化部向全社会公开征求关于《新能源汽车产业发展规划（2021—2035 年）》的意见，提出到 2025 年，新能源汽车新车销售量达到汽车新车销售总量的_____左右。

4. 汽车产业的"新四化"是指_____、_____、_____、_____。

二、简答题

1. 简述新能源汽车的发展背景。

2. 简述美国新能源汽车的发展现状。

3. 简述欧洲新能源汽车的发展现状。

4. 简述日本新能源汽车的发展现状。

5. 简述智能网联汽车的定义。

6. 简述国家智能网联汽车的发展规划。

阅读小资料

低碳环保，实现双碳目标：环保跟每个人都息息相关，国家也非常重视环保问题，习总书记曾说过"绿水青山就是金山银山"。环保与我们每个人的幸福生活息息相关，与我们子孙后代的长远发展密切相关。因此我们国家制定了"碳达峰"和"碳中和"两个目标，保护我们自身的生存环境。

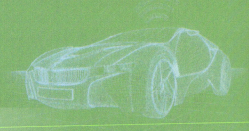

第2章
纯电动汽车与混合动力汽车

2.1　纯电动汽车

传统燃油汽车主要由发动机、底盘、车身和电气设备等部分组成。由于纯电动汽车的工作原理与传统燃油汽车存在一定差异，所以它们在结构组成上也发生了一些改变。两者在结构上既有相同点也有不同点。相同之处主要在于纯电动汽车的车身、电气设备与传统燃油汽车基本相同，没有发生较大改变。不同之处主要在于，纯电动汽车的核心主要是"三电"系统，具体包括动力蓄电池、驱动电机和电控系统，如图 2-1 所示，这是纯电动汽车的关键技术，同时也是区别于传统燃油汽车的新技术。

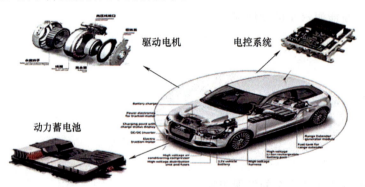

图 2-1　纯电动汽车结构图

一、动力蓄电池系统

动力蓄电池是纯电动汽车的能量来源，主要用来存储和释放电能。它是电动汽车产业链的核心，其作用相当于传统燃油汽车中的"燃油箱"。主要由动力蓄电池模组、电池管理系统（BMS）、冷却系统和外壳等组成。其具体结构如图 2-2 所示。

1. 动力电池的性能指标

（1）电压

1）标称电压。由厂家指定的用以标识电池的适宜的电压近似值。

2）开路电压。蓄电池在开路条件下的端电压。

3）平均电压。在规定的充放电过程中，用瓦时数除以安时数所得到的值，它不是某一段时间内的平均电压（除了在定电流情况下）。

4）负载电压。蓄电池接上负载后处于放电状态下的端电压。

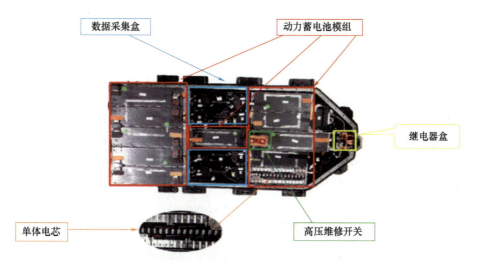

图 2-2 动力蓄电池系统

5）充电截止（终止）电压。蓄电池正常充电时允许达到的最高电压。

6）放电截止（终止）电压。蓄电池正常放电时允许达到的最低电压

（2）容量与比容量

1）容量。完全充电的蓄电池在规定条件下所释放出的总容量，单位为 Ah。

2）比容量。单位质量或单位体积的蓄电池所能提供的电量，一般用质量容量（A·h）/kg 或体积容量（A·h）/L 来表示。

3）额定容量。在规定条件下测得的并由制造商标明的电池容量值。

4）可用容量。完全充电的蓄电池在规定条件下所释放出的总容量，单位为 Ah。

（3）能量

动力蓄电池的能量决定纯电动汽车的行驶距离。

1）标称能量。在一定标准所规定放电条件下，动力蓄电池所输出的能量是动力蓄电池的额定容量与额定电压的乘积。

2）能量密度。从蓄电池的单位质量或单位体积所获取的电能，用 Wh/kg、Wh/ 来表示。也称作比能量。

（4）功率

1）功率。在一定的放电条件下，电池在单位时间内所输出的能量称为蓄电池的功率，单位为 W、kW。

2）比功率。指单位质量或单位体积动力蓄电池输出的功率，单位为 W/kg 或 W/L。

3）功率密度。指单位体积蓄电池输出的功率，单位为 W/L。

（5）放电

1）工况放电。模拟实际运行时的负荷，用相应的负载进行放电的过程。

2）恒流放电。蓄电池以某个设定的恒定电流进行放电。

3）恒压放电。蓄电池以某个设定的恒定电压进行放电。

4）恒功率放电。蓄电池以某个设定的恒定功率进行放电。

5）倍率放电。蓄电池以 1h 放电率电流值的倍数进行放电。

6）放电深度。表示蓄电池放电状态的参数，等于实际放电容量与可用容量的百分比。

7）过放电。当电芯或电池完全放电后继续进行放电。

（6）荷电状态（SOC） 当前蓄电池中按照规定放电条件可以释放的容量占可用容量的百分比。

2. 动力蓄电池的结构

动力蓄电池作为纯电动汽车的能量来源，主要给驱动电机和其他高压零部件提供电能。动力蓄电池主要由单体电芯、蓄电池模组、高压维修开关及其附属部件组成。常见的动力蓄电池的类型有很多种，如锂离子电池、镍氢电池和超级电容器等。现在一般采用锂离子电池，较为常见的锂电池有磷酸铁锂电池、三元锂电池、锰酸锂电池、钴酸锂电池等。几种电动汽车用蓄电池性能比较见表 2-1。

表 2-1 电动汽车用蓄电池性能比较

类型		重量能量密度 /（Wh/kg）	电池单体标称电压 （通常情况）	理论循环 使用寿命/次
铅酸蓄电池		30～50	2V 左右	500～800
镍镉电池		50～60	1.2V	1500～2000
镍氢电池		70～100	1.2V	1000
锂离子电池	锰酸锂电池	100	3.7V	600～1000
	钴酸锂电池	170	3.6V	300
	磷酸铁锂电池	100～110	3.2V	1500～2000
	三元锂电池	200	3.8V	2000

（1）单体电芯 电芯主要由正极、负极、隔膜和电解液组成，它是组成动力电池包的最小单体（图 2-3）。电芯的基本工作原理是依靠锂离子在正极和负极之间的迁移实现充电和放电。充电过程需要吸收外界能量，通过外界电网的电能进行充电，相当于把电网的电能储存在电池中；放电过程则是将储存的能量释放出来。

（2）蓄电池模组 蓄电池模组（图 2-4）可以理解为电芯经串联或并联的方式组合，加装单体电池监控与管理装置后形成的电芯与 pack 的中间产品。其结构必须对电芯起到支撑、固定和保护的作用。其基本组成包括 BMS 从板、电池单体、导电连接件、塑料框架、冷却管道、两端的压板以及一套将这些构件组合到一起的紧固件。

图 2-3 单体电芯

图 2-4 蓄电池模组

（3）高压维修开关 高压维修开关（MSD，图 2-5）一般位于动力蓄电池总成中间表面位置，打开驾驶室内中央扶手杂物箱开关，可操作维修开关。它是一种带熔断器的高压插接器，新能源电动汽车进行车辆高压系统检修时，通过拔出 MSD 将高压系统的电源断开，以确保人车安全。

图 2-5　高压维修开关

3. 冷却系统

动力蓄电池组在工作过程中会产生大量的热量，为了保证电池的正常运行，需要通过冷却系统对电池进行散热。冷却系统通常由散热器、冷却液和冷却风扇等组成。散热器负责将电池的热量传导到冷却液中，冷却液则通过循环流动进入到散热器中，最后通过冷却风扇将热量散发到外部环境中。冷却系统的设计和性能对电池的温度管理至关重要，它能够提高电池的工作效率和寿命。

4. 外壳

外壳是动力蓄电池组的保护壳体，它主要起到保护、安装和固定电池组的作用。外壳通常采用金属材料制成，具有良好的强度和耐蚀性，能够抵御外部冲击和恶劣环境的侵害。外壳还具有隔热和防水功能，能够有效保护电池免受外界温度和湿度的影响。

5. 电池管理系统（BMS）

电池管理系统（BMS）（图 2-6）能够对动力蓄电池组总电压、总电流、每个测点的温度和电池单体的电压参数进行实时监控，并进行故障诊断、SOC（剩余电量比）计算、短路保护、漏电监测、报警显示、充放电模式选择等。BMS 可以将动力蓄电池相关参数上报VCU，由 VCU 控制动力蓄电池的充电和放电功率。

图 2-6　电池管理系统

二、驱动电机系统

根据国家标准 GB/T 18488—2024，驱动电机系统（图 2-7）是指驱动电机、电机控制器及它们正常工作所必需的辅助装置。其主要作用是通过有效地控制策略将动力蓄电池提供的直流电转化为驱动电机工作所需要的交流电，同时实现驱动电机的正转和反转控制。并且能够在制动/减速时将电机发出的交流电转化为直流电，实现制动能量的回收。

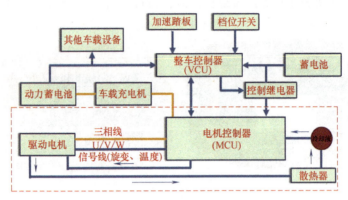

图 2-7　驱动电机系统结构图

1. 驱动电机

驱动电机（图 2-8）相当于传统燃油汽车的发动机，具有将电能转化成机械能的作用，从而驱动车轮转动。驱动电机在电动汽车中的数量可能是一个也可能是多个。

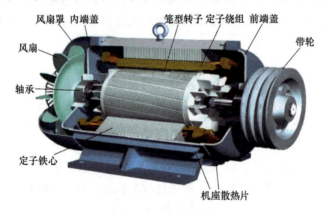

图 2-8　驱动电机

（1）纯电动汽车对驱动电机的要求　驱动电机作为纯电动汽车的动力源，其性能的好坏直接影响整车的实际运行效能。纯电动汽车在结构上与传统燃油汽车存在一定差异，取消了传统燃油汽车中的发动机，因此在纯电动汽车的空间布置上也发生了改变。为了更好地满足汽车行驶的需要，同时提高安全性和舒适性，对纯电动汽车的驱动电机有以下要求。

1）功率密度大、体积小。纯电动汽车的动力源发生了改变，导致其空间布置也发生了较大的变化，对于纯电动汽车的整车空间利用率的要求也更高。对于驱动电机而言，意味着驱动电机系统的结构就需要更加紧凑、体积更小，功率密度更大。目前市场上的纯电动汽车一般选用高功率密度的永磁同步电机作为驱动电机。

2）效率高、高效区广、质量轻。续驶里程一直是新能源汽车的短板，有效提升续驶里程的方法就显得尤为重要，提升驱动电机的效率就是提升续驶里程的有效方法之一，这样可以保证动力蓄电池每度电都能发挥最大的用处。因此要求驱动电机效率要高、高效区要广、质量要轻。同时减轻驱动电机的质量，也能间接降低整车的功耗，实现续驶里程提升。

3）安全性与舒适度。无论是传统燃油汽车还是新能源汽车，安全性与舒适度一直就十分重要。对于驱动电机而言，它是整车驱动来源，它的好坏直接关系到整车的实际性能。因此要保证驱动电机即使在恶劣环境下也能正常工作，运行时的振动和噪声对驾驶员和乘客的影响要最小，所以对驱动电机的安全性和舒适度提出了较高要求。

（2）驱动电机的类型 驱动电机的种类有很多，但是随着新能源汽车对驱动电机性能的要求越来越高，很多电机已经不能满足需求。目前常见的驱动电机主要有三相交流异步电机、永磁同步电机、开关磁阻电机这三类，其中三相交流异步电机和永磁同步电机使用最多。其优缺点对比见表2-2。

表 2-2 各类型驱动电机优缺点

序号	种类	优点	缺点
1	三相交流异步电机	结构简单、使用寿命长、转速稳定、经济实用	效率低、起动困难、运行噪声大、转速受负载影响
2	永磁同步电机	转子都是永磁体，减少了励磁所带来的损耗，定子上安装有绕组，通过交流电来产生转矩，所以冷却相对容易。由于这类电机不需要安装电刷和机械换向结构，工作时不会产生换向火花，运行安全可靠，维修方便，能量利用率较高	由于受到永磁材料本身的限制，在高温、振动和过电流的条件下，转子的永磁体会产生退磁现象，所以在相对复杂的工作条件下，永磁式电机容易发生损坏。永磁材料价格较高，因此整个电机及其控制系统成本较高
3	开关磁阻电机	结构简单、坚固、可靠性高、质量轻、成本低、效率高、温升低、易于维修等，而且它具有直流调速系统的可控性好的优良特性，同时适用于恶劣环境	转矩波动大、需要位置检测器、系统非线性、磁场为跳跃性旋转、控制系统复杂，以及对直流电源会产生很大的脉冲电流等，另外开关磁阻电机为双凸极结构，不可避免地存在转矩波动，噪声大是开关磁阻电机最主要的缺点

（3）驱动电机的结构与原理

1）三相交流异步电机结构与原理。三相交流异步电机将电能转化成机械能，输出给驱动车轮。三相交流异步电机主要由定子、转子、端盖、转轴、风扇等部件组成，定子和转子之间有一个很小的空气间隙。

① 定子。定子是固定部分（图2-9），主要由定子绕组、定子铁心和机座三部分组成。定子绕组由漆包线绕制而成，嵌入到定子铁心槽中，接受电机控制器输送过来的三相交流电，产生旋转磁场。定子铁心是由0.5mm厚的硅钢片冲制后叠压制成的，其中定子铁心内圆冲有均匀分布的槽，构成异步电机磁路的一部分。机座是电机的支架，起支撑和固定作用，通常用铸铁或铸钢制成。

定子绕组　　　　　机座　　　　　定子铁心　　　　　铁心硅钢片

图 2-9 三相交流异步电机定子

② 转子。转子是旋转部分（图2-10），主要用来输出转矩，由转子绕组、转子铁心和转轴三部分组成。转子绕组大部分是浇铸铝笼型，转子绕组构成电动机电路的另一部分，用来产生电磁转矩。转子铁心也是由 0.5mm 厚的硅钢片冲制后叠压制成，通过其均匀分布的槽来嵌放转子绕组。转轴一般用 45 钢制成，用来传递电磁转矩。

| 转子绕组 | 转子铁心 | 铁心硅钢片 | 转轴 |

图 2-10　三相交流异步电机转子

③ 工作原理。在三相交流异步电机中，三相定子绕组接通电源后产生旋转磁场，该旋转磁场相对切割转子绕组，在转子回路中产生感应电动势和电流，转子导体的电流在旋转磁场的作用下，受到磁场力的作用使转子旋转。只要将三相交流电中的任意两相交换接线位置，旋转磁场就可实现逆时针方向转动。

2）永磁同步电机结构及原理。永磁同步电机主要是由定子、转子、端盖等部件组成。根据转子上安放永磁体的位置不同，永磁同步电机通常分为面贴式（SPM）、插入式和内嵌式（IPM）三类，如图2-11所示。

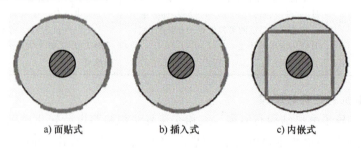

| a) 面贴式 | b) 插入式 | c) 内嵌式 |

图 2-11　永磁同步电机种类

① 定子。永磁同步电机的定子（图2-12）与普通电机的定子基本相同，由电枢铁心和电枢绕组构成，主要用来产生旋转磁场。电枢铁心一般采用 0.5mm 硅钢片冲制后叠压

图 2-12　永磁同步电机定子

而成。电枢绕组则普遍采用分布、短距绕组；对于极数较多的电机，则普遍采用分数槽绕组。

② 转子。转子（图2-13）主要由永磁体、转子铁心和转轴等构成。其中永磁体主要采用铁氧体永磁和钕铁硼永磁材料；转子铁心可根据磁极结构的不同，选用实心钢，或采用钢板或硅钢片冲制后叠压而成。

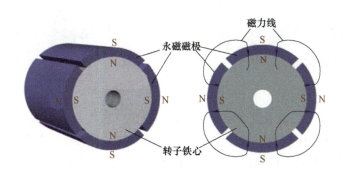

图2-13　永磁同步电机转子

③ 工作原理。永磁同步电机的转子为永磁磁体，能够产生固定方向的磁场，转子磁体的N极、S极随着定子绕组旋转磁场磁极的移动而旋转。因此，电机工作时转子的转速一定等于定子旋转磁场的转速。

3）开关磁阻电机结构及原理。开关磁阻电机（图2-14）由转子、定子、机壳、定位部件和速度传感器等组成。其中定子和转子都是凸极结构，即双凸极结构，转子、定子极数不相等，转子和定子铁心由导磁良好的硅钢片冲制后叠压而成，转子铁心无绕组，定子凸极上有集中绕组。开关磁阻电机具有直流调速系统可控性好的优良特性，同时适用于恶劣环境，非常适合作为电动汽车的驱动电机使用。

图2-14　开关磁阻电机结构

① 定子。定子（图2-15）由定子铁心和定子绕组组成。定子铁心由导磁良好的硅钢片冲制后叠压而成，在定子齿极上绕有线圈（定子绕组），用来向电机提供工作磁场。定子上空相对的两个极上的线圈串联或并联构成一相绕组。

② 转子。转子（图2-16）一般采用圆盘形磁阻率高的材料制成。转子的铁心分为单层和双层结构。转子和定子之间有很小的缝隙，转子可以在定子中自由地转动。

图 2-15　开关磁阻电机定子

图 2-16　开关磁阻电机转子

③ 工作原理。开关磁阻电机利用了磁阻最小原理（图 2-17），即磁通总是沿磁阻最小的路径闭合。当定、转子中心线不重合、磁导不为最大时，磁场就会产生磁拉力，形成磁阻转矩，使转子转到磁导最大的位置。当向定子各相绕组中依次通入电流时，电机转子将一步一步地沿着通电相序相反的方向转动。

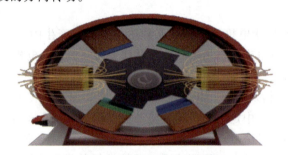

图 2-17　开关磁阻电机工作原理

2. 电机控制器

电机控制器是驱动电机系统的控制中心，通常简称为 MCU。其主要功能是控制电机的旋转速度、旋转方向以及再生能量回收。此外，电机控制器还要对各类传感器，如电流传感器、电压传感器、温度传感器等输入的信号进行处理，并将驱动电机系统的运行状态通过 CAN 总线发送给整车控制器。

（1）电机控制器结构　电机控制器（图 2-18）以 IGBT 模块为核心，主要由控制板、IGBT 模块及驱动板、冷却管路、U/V/W 高压接插件和低压接插件等组成。电机控制器内部具有自动故障诊断功能，当系统出现异常时，会激活一个错误代码，并发送给整车控制器，

图 2-18　电机控制器

同时也会存储该故障码和相关数据。

IGBT 是由 BJT（双极型晶体管）和 MOS（绝缘栅型场效应管）组成的复合全控型电压驱动式功率半导体器件（图 2-19）。与其他电子元器件相比，IGBT 具有输入阻抗高、开关速度快、驱动电路简单、承受电压高、导通电流大等优点，已经广泛用于各种变频器和调速电路中。

图 2-19 IGBT

（2）电机控制器工作原理 电机控制器主要作用是将动力蓄电池输出的高压直流电转换成驱动电机工作的交流电（图 2-20）。电机控制器工作时接收各种传感器信号，主要有档位开关、加速踏板位置、旋转变压器、制动等信号。当控制器接收到这些信号之后，会根据其内部预先存储的各类程序，进行判断和逻辑运算之后，调节电压、频率、相位等参数来控制驱动电机的运转。

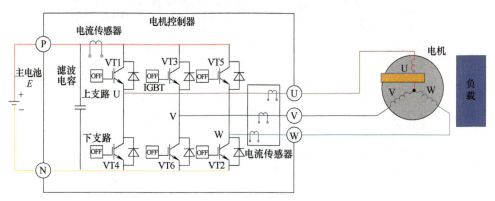

图 2-20 电机控制器工作原理

3. 高压电缆

由于纯电动汽车的工作电压大部分都是在 B 级电压范围（交流电 60V<U≤1500V，直流电 30V<U≤1000V），所以对传输电缆（图 2-21）也提出了较高要求，要求其耐高温性好、工作寿命长、绝缘性能好、视觉分辨率高、具有安全警示标识等。

三、电机控制器系统

电机控制器系统是纯电动汽车"三电"之一，其主要功能是接收各种传感器传递的信号，经过控制单元存储、运算、分析之后，发出相应的控制指令给相关的执行机构，保证汽

图 2-21　高压电缆

车能够按照驾驶员的意图进行行驶。此外，电机控制器系统还包括 DC/DC 变换器、电动空调系统、充电系统等。

1. 电机控制器系统的组成

电机控制器系统主要由传感器、执行器、控制单元组成。传感器主要包括旋转变压器、温度传感器、制动踏板位置传感器、加速踏板位置传感器、档位传感器等。执行器主要包括驱动电机、动力蓄电池等。控制单元主要包括整车控制器、电机控制器、电池管理系统等。如图 2-22 所示。

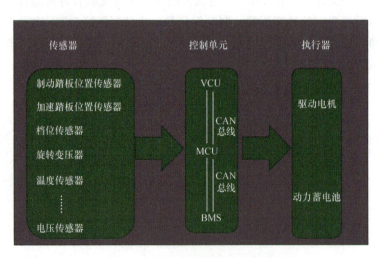

图 2-22　电机控制器系统的组成

（1）**传感器**　传感器主要是按照一定规律将采集到的被测量信息变换为电信号或其他所需形式的信息输出给控制单元。

1）旋转变压器。在传统燃油汽车中需要检测发动机转速，同样，在纯电动汽车中，也需要一个传感器来检测驱动电机的转速，它就是旋转变压器（图 2-23）。旋转变压器主要用来检测电机转子的位置，通过控制器解码后获得电机的转速和运转方向。

2）温度传感器。驱动电机在正常工作时电流较大，其绕组内阻会产生热量，一旦温度过高，将会严重影响驱动电机的运行，所以采用温度传感器（图 2-24）来检测驱动电机的温度。驱动电机温度传感器一般采用负温度系数热敏电阻，其电阻阻值随着温度升高而降低。温度传感器通常安装在绕组的内部，也可置于绕组外部。

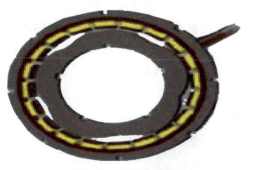

图 2-23　旋转变压器

图 2-24　温度传感器

29

3）加速踏板位置传感器。加速踏板位置传感器（图 2-25）主要检测汽车的加速或减速信号，传递驾驶员驾驶意图。它一般安装在加速踏板轴的一端。

图 2-25　加速踏板位置传感器

4）制动踏板位置传感器。制动踏板位置传感器用来检测汽车的制动状态，同时用作指示制动灯开关，一般安装在制动踏板轴的一端。当制动踏板踩下时，制动灯打开，制动踏板位置传感器将制动信号传送给整车控制器，整车控制器接收到信号后进行运算处理，将相关的指令信号传送给电机控制器和电池管理系统，它们经过分析和运算后，发出相关指令使得车辆最终减速或停车。当脚脱离制动踏板时，制动灯熄灭。

5）档位传感器。纯电动汽车一般采用电子换档器，如图 2-26 所示，其档位设置与传统燃油自动变速汽车档位设置基本一致，都有前进档（D 位）、倒车档（R 位）、空档（N 位）、驻车档（P 位）。当驾驶员进行换档操作时，档位传感器会把相关的档位信号传递给整车控制器，整车控制器接收到相应档位信号后，及时分析处理，最终达到驾驶员的意愿。

图 2-26　比亚迪 e5 档位

（2）控制单元

1）整车控制器。整车控制器（VCU，图 2-27）是纯电动汽车各动力系统的总成控制器，是纯电动汽车的"大脑"，负责协调电驱动系统、动力蓄电池系统、制动系统等各部件的工作。在工作时，整车控制器接收 CAN 总线上电机控制器和电池管理系统发送的各种数据，然后根据其内部的程序对这些信息进行分析处理，最后通过 CAN 总线发出指令来控制各部件控制器的工作，保证车辆的正常行驶，同时提高纯电动汽车的动力性、经济性和安全性等。

图 2-27 整车控制器

2）电池管理系统和电机控制器。电池管理系统相当于动力蓄电池的"大脑"，用来对动力蓄电池进行监控和有效管理，使动力蓄电池能够正常运行和提高使用寿命。电机控制器相当于驱动系统的"大脑"，给驱动电机提供三相交流电，同时接收和处理各种低压信号，使电机能够正常运行。

（3）执行器 执行器的主要作用是接收控制单元发送过来的各种指令，并能根据具体指令完成相应操作。电机控制器系统的主要执行部件有驱动电机和动力蓄电池。

2. 充电装置

纯电动汽车充电装置（图 2-28）的主要作用是将外界的电能通过高压电缆、车载充电机等部件传输给动力蓄电池。其主要的充电方式有两种，一种是交流充电方式，即为慢充，一种是直流充电方式，即为快充，两种充电方式的组成、电气原理和控制方式各不相同。

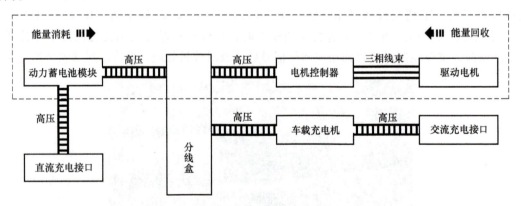

图 2-28 充电装置结构

（1）纯电动汽车对充电设备的要求 纯电动汽车的充电设备是指与纯电动汽车或动力蓄电池相连接，并为其提供电能的设备。纯电动汽车对充电设备在安全、使用、成本、效率、环保等方面都有较高的要求，如图 2-29 所示。

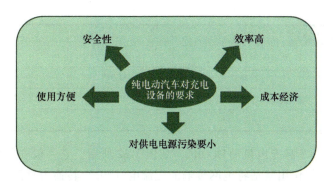

图 2-29　纯电动汽车对充电设备的要求

（2）交流充电系统　交流充电系统（图 2-30）主要是将外界的交流电转化为直流电，给动力蓄电池补充电能。交流充电系统主要由交流充电插座、高压电缆、车载充电机、动力蓄电池系统组成。

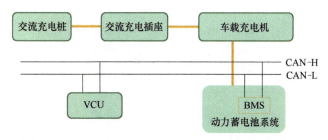

图 2-30　交流充电系统结构

1）交流充电插座。交流充电插座用于车辆和交流充电枪的连接，一般安装在汽车的尾部。交流充电插座一般为 7 孔，每孔端子的定义各不相同，具体如图 2-31 所示。

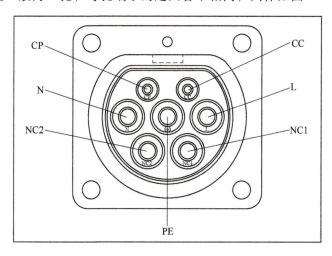

图 2-31　交流充电插座

交流充电插座各端子含义见表 2-3。

2）高压电缆。高压电缆主要用于各高压零部件之间的连接，起到输送电能的作用。根据国家标准规定，新能源汽车高压电缆外观颜色为橙色。

表 2-3　交流充电插座各端子含义

端子号	功能	端子号	功能
CP	充电控制确认线	NC1	交流电源 B 相
CC	充电连接确认线	NC2	交流电源 C 相
N	交流电源中性线	PE	车身地线(搭铁)
L	交流电源 A 相		

3）车载充电机。车载充电机简称 OBC，如图 2-32 所示，它一般安装在纯电动汽车的前机舱内。车载充电机的作用就是将电网传输的交流电（AC）转换为直流电（DC）为动力蓄电池充电，并调整输出电压和电流。早期的车载充电机作为一个独立的高压零部件，功能仅用于为动力蓄电池充电。现在的车载充电机作为一个集成的电力电子器件，其结构更为复杂，功能更加多样化。

图 2-32　车载充电机

（3）直流充电系统　直流充电系统主要是将外界的直流电通过高压电缆为动力蓄电池补充电能。直流充电系统主要由直流充电插座、高压电缆、动力蓄电池系统组成，如图 2-33 所示。

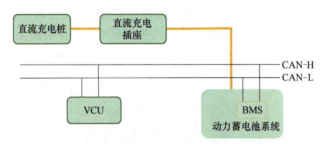

图 2-33　直流充电系统

1）直流充电插座。直流充电插座用于车辆和直流充电枪的连接，一般安装在汽车的尾部。直流充电插座一般为 9 孔，每孔端子的定义各不相同，具体如图 2-34 所示。

直流充电插座各端子含义见表 2-4。

表 2-4　直流充电插座各端子含义

端子号	功能	端子号	功能
DC-	直流电源负	CC1	充电连接确认线
DC+	直流电源正	CC2	充电连接确认线
PE	车身地线(搭铁)	S+	充电通信 CAN-H
A-	低压辅助电源负极	S-	充电通信 CAN-L
A+	低压辅助电源正极		

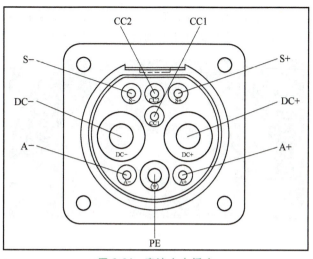

图 2-34 直流充电插座

2）直流充电过程。车辆插头和车辆插座在连接过程中触头耦合的顺序为：保护接地、直流电源正、直流电源负、车辆端连接确认、低压辅助电源正与低压辅助电源负、充电通信与供电端连接确认；在脱开的过程中顺序则与之相反，具体如图 2-35 所示。

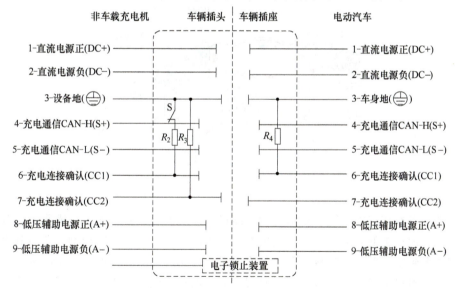

图 2-35 直流充电接口的连接界面

3. DC/DC 变换器

DC/DC 变换器就是将动力蓄电池组的高电压转换为恒定 12V 或 14V、24V 的低电压，既能给全车电器供电，又能给低压辅助蓄电池充电的设备。DC/DC 变换器在纯电动汽车上的功能就相当于发电机和调节器在传统燃油车上的功能。早期的 DC/DC 变换器为单独的高压零部件，现在的 DC/DC 变换器大部分与其他高压零部件集成为一体，很少出现单独的 DC/DC 变换器。

4. 纯电动汽车空调系统

纯电动汽车空调系统（图 2-36）主要由制冷系统、制热系统、通风系统、空气净化装置、电气控制系统等组成。除了制冷系统和制热系统之外，其他装置与传统燃油汽车空调系统相比，均未发生较大变化，本书主要对纯电动汽车空调制冷系统、制热系统进行说明。

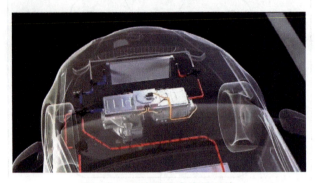

图 2-36　纯电动汽车空调系统

（1）制冷系统　在纯电动汽车空调制冷系统（图 2-37）中，由于纯电动汽车中没有了发动机，不能像传统燃油汽车那样，依靠发动机带轮带动压缩机工作，所以纯电动汽车空调制冷系统采用了电动机驱动压缩机工作，通常将电动机和压缩机做成一体。因此，纯电动汽车空调制冷系统中的压缩机也称为电动压缩机，工作时由动力蓄电池提供高压电。

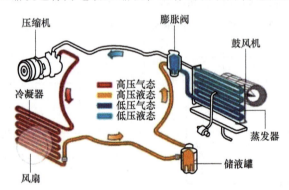

图 2-37　纯电动汽车空调制冷系统

纯电动汽车空调制冷系统主要由电动压缩机、冷凝器、储液干燥器、膨胀阀、蒸发器等组成。电动压缩机把低温低压的气态制冷剂压缩成高温高压的气态制冷剂，然后制冷剂经过高压管路进入到冷凝器，经过冷凝器散热降温后，转化成高温高压的液态制冷剂，接着进入到储液干燥器，经过干燥过滤后进入到膨胀阀，制冷剂从膨胀阀的小孔节流后，变成了低温低压的液态制冷剂，最后进入到蒸发器，制冷剂在蒸发器中吸收外界空气大量的热量，汽化成低温低压的气态制冷剂，最终进入到压缩机中进行下一工作循环。同时，外界被蒸发器中的制冷剂吸收热量的空气变成了冷空气，经过鼓风机送入到车内。

（2）制热系统　在纯电动汽车空调制热系统中，虽然同传统燃油汽车一样，也存在冷却液，但纯电动汽车中冷却液的正常温度远低于传统燃油汽车发动机正常工作时的冷却液温度，单纯地依靠冷却液产生的热量来加热空气，远远不能满足纯电动汽车空调制热的需求。因此纯电动汽车空调制热系统与传统燃油汽车空调制热系统相比，发生了较大变化。在纯电动汽车空调制热系统中，常采用 PTC 加热或热泵加热。

1）PTC 加热。当空调需要制热时，PTC 加热器（图 2-38）先将冷却液加热，加热后的冷却液经过暖风芯体与空气进行热交换，加热后的空气被送入车内，变冷的冷却液则流回PTC加热器，如此循环往复。

图 2-38　PTC 加热器

2）热泵空调。热泵空调系统（图 2-39）主要由压缩机、冷凝器、电控膨胀阀和蒸发器等常见部件组成，在驾驶室附近位置增加了一个冷凝器（热交换器）。热泵空调工作原理是抽取车外热量高的空气，经过压缩升温后排进车内，同时车内的低温空气也会被热泵抽走，重新进入压缩升温循环。在整个过程中，电动汽车的电能用来搬运热量，而不是自身转化成热量，消耗的电能也减少了很多。因此热泵空调加热比 PTC 加热要更加省电，续驶里程也能增加，但结构比 PTC 加热要复杂一些。

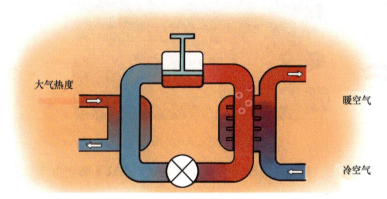

大气热度

暖空气

冷空气

图 2-39　热泵工作原理

四、典型的纯电动汽车结构

大部分纯电动汽车高压系统在结构上差别不大，基本上都是由动力蓄电池、电机控制器、驱动电机、空调系统等部件组成。某国产品牌纯电动汽车，其高压系统主要由集成电力驱动总成（电机控制器、驱动电机、差速器）、动力蓄电池系统、VCU、集成电源系统（IPS）、热管理系统等组成，如图 2-40 所示。

（1）结构组成

1）集成电源系统（IPS）。集成电源系统（图 2-41）主要由车载充电机（OBC）和 DC/DC 变换器组成。其主要作用是将公共电网的电能变换为车载储能装置所要求的直流电，并给动力蓄电池充电。同时还将高压直流电转化为低压直流电，并给低压蓄电池补充电能。

电池散热器

整车控制器
(VCU)

IBooster

换热器

集成PDU总成

电动压缩机
(ECP)

储液罐

电动冷却液泵

电力驱动总成

PTC加热器

图 2-40　某品牌纯电动汽车机舱内部

图 2-41　集成电源系统

2）集成电驱动总成。集成电力驱动系统（图 2-42）集成了驱动电机、差速器和电机控

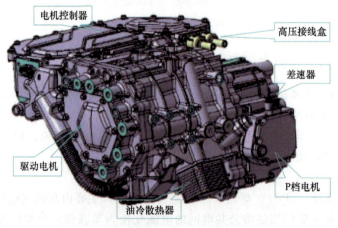

电机控制器

高压接线盒

差速器

驱动电机

P档电机

油冷散热器

图 2-42　集成电力驱动系统

制器，具有结构紧凑、整机重量轻、输出性能高、成本优势明显的优点。其主要作用是将动力蓄电池传递过来的高压直流电转化为三相交流电，用于精确控制驱动电机的转速、转矩、转向等参数。同时驱动电机将电能转化为机械能，为整车提供动力。

3）动力蓄电池。动力蓄电池（图 2-43）为整车提供高压电能，并通过 DC/DC 变换器为辅助系统提供电能，同时接收电机再生制动回收的电能。另外还包含高压回路的接通和切断装置，具有碰撞断电、回路绝缘检测等高压电安全管理功能。

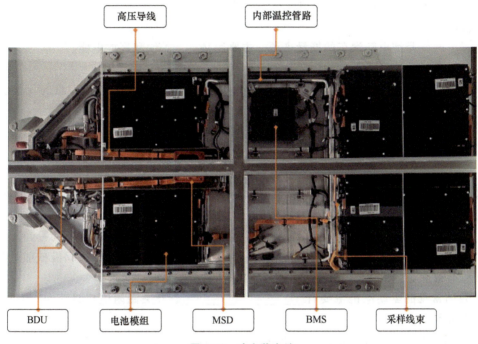

图 2-43　动力蓄电池

（2）工作过程　某纯电动车型电力驱动系统如图 2-44 所示，在驱动系统工作过程中，

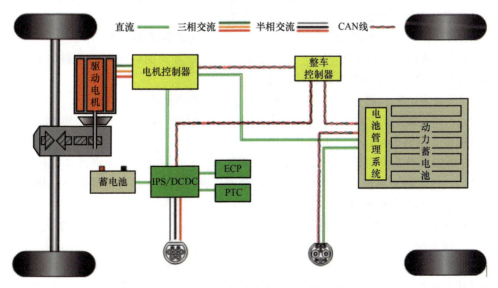

图 2-44　某纯电动汽车电力驱动系统

动力蓄电池将存储的高压直流电通过高压电缆输送到电机控制器，电机控制器将高压直流电转换成满足驱动电机工作要求的三相交流电，驱动电机再将电能转换成机械能，驱动车轮行驶。同时，车辆在运行的过程中，动力蓄电池的高压直流电也通过集成电源系统转化成低压直流电，给整车的低压用电器供电。

思考与练习

一、填空题

1. _____是纯电动汽车的能量来源，主要用来_____和释放电能。

2. 电池的标称能量是电池的_____与_____的乘积。

3. SOC 是指电池在一定的放电条件下，_____与相同条件下额定容量的比值。SOC 等于_____表示电池充满的状态。

4. 电心主要由_____、负极、隔膜和电解液组成，它是组成动力蓄电池包的_____。

5. 动力蓄电池组在工作过程中会产生大量的_____，为了保证电池的正常运行，需要通过动力蓄电池冷却系统对电池进行散热。冷却系统通常由_____、_____和冷却风扇等组成。

6. 驱动电机系统是指_____、_____及它们正常工作所必需的辅助装置。

7. 驱动电机相当于传统燃油汽车的_____，具有将_____转化成机械能的作用，从而驱动车轮转动。驱动电机在电动汽车中数量可能是一个也可能是多个。

8. 目前常见的驱动电机主要有_____、_____、开关磁阻电机这三类，其中以前两种电机居多。

9. 三相交流异步电机将电能转化成_____，输出给驱动车轮。三相交流异步电机主要由_____、_____、端盖、转轴、风扇等部件组成。

10. 在三相交流异步电机中，三相定子绕组接通电源后产生_____，该旋转磁场相对切割转子绕组，在转子回路中产生_____和电流。

11. 永磁同步电机主要是由_____、_____、端盖等部件组成。

12. 永磁同步电机的转子为_____，能够产生固定方向的磁场，转子磁体的 N 极、S 极随着定子绕组的旋转磁场磁极的移动而旋转。

13. 开关磁阻电机利用了_____，即磁通总是沿磁阻最小的路径闭合。

14. _____是驱动电机系统的控制中心，通常简称为_____。其主要功能是控制电机的旋转速度、旋转方向以及再生能量回收。

15. 电机控制器系统主要由_____、执行器、_____组成。传感器主要包括旋转变压器、_____、制动踏板位置传感器、加速踏板位置传感器、档位传感器等。执行器主要包括_____、动力蓄电池等。

16. 纯电动汽车主要的充电方式有两种，一种是_____，即为慢充，一种是_____，即为快充。

17. 交流充电系统主要是将外界的_____转化为直流电，给动力蓄电池补充电能。交流充电系统主要由_____、高压电缆、_____、动力蓄电池组成。

18. 直流充电系统主要是将外界的_____通过高压电缆为动力蓄电池补充电能。直流充电系统主要由_____、高压电缆、动力蓄电池组成。

二、选择题

1. 功率密度是指从单位质量或单位体积的蓄电池所能获取的输出（   ），也称为比功率。

A. 电流　　　　　　B. 功率　　　　　　C. 电量　　　　　　D. 容量

2. 电池能量的单位是（   ）。

A. W·h　　　　　　B. A·h　　　　　　C. VA　　　　　　D. N·m

3. 慢充是指使用（   ），借助车载充电机，通过整流和升压，将交流电变换为高压直流电给动力蓄电池进行充电。

A. 直流 220V 单相电　　　　　　　　B. 交流 220V 单相电

C. 交流 380V 三相电　　　　　　　　D. 直流 380V 三相电

4. 快充系统一般使用（   ），通过快充充电桩进行整流、升压和功率变换后，将高压大电流通过高压母线直接给动力蓄电池充电。

A. 交流 380V 三相电　　　　　　　　B. 直流 380V 三相电

C. 直流 220V 单相电　　　　　　　　D. 交流 220V 单相电

5. 动力蓄电池系统由电池模组、（   ）、动力蓄电池箱及辅助元器件组成。

A. 电池管理系统　　　　　　　　　　B. 电池输入系统

C. 电池输出系统　　　　　　　　　　D. 高压保险系统

6. （   ）的作用是将 220V 交流电转换为动力蓄电池的直流电，实现电池电量的补给。

A. 车载充电机　　　B. 电机控制器　　　C. 高压控制盒　　　D. 整车控制器

7. （   ）的作用是将动力蓄电池的高压直流电转换为整车低压 12V 直流电，给整车低压用电系统供电及铅酸蓄电池充电。

A. 车载充电机　　　B. 电机控制器　　　C. 高压控制盒　　　D. DC/DC 变换器

8. B 级电压电路中电缆和线束的外皮应用（   ）色加以区别，外壳里面或遮栏后面的除外。

A. 橙　　　　　　　B. 红　　　　　　　C. 黄　　　　　　　D. 绿

9. 电动汽车充电插座传导连接到电网，应有一个端子将电平台与电网的接地部分连接，这是充电枪（   ）端子。

A. CP　　　　　　　B. PE　　　　　　　C. S+　　　　　　　D. S−

10. 永磁同步电机是驱动电机系统的重要执行机构，是（   ）与机械能转化的部件。

A. 电能　　　　　　B. 动能　　　　　　C. 风能　　　　　　D. 热能

三、判断题

1. 能量密度是指蓄电池的单位质量或单位体积所获得的电能，用 W·h/kg、W·h/L 表示。　　　　　　　　　　　　　　　　　　　　　　　　　　　　　（   ）

2. 高压维修开关是车辆维修时切断高压控制盒高压输出的开关或相关装置。（   ）

3. 电动汽车直流充电系统是指为电动汽车动力蓄电池提供直流电源的充电系统。（   ）

4. 电动汽车交流充电系统是指为电动汽车动力蓄电池提供交流电源的充电系统。（   ）

5. 电压是产生电流的根本原因，因此电路中有电压必有电流。 （　　）

6. CC 信号连接中，整车可以正常充电。 （　　）

7. 充电系统的维护包括车载充电机、动力蓄电池包、DC/DC 变换器。 （　　）

8. 交流电流的大小和方向都不随时间变化。 （　　）

9. 电池是一种把化学反应所释放的能量直接转变成交流电能的装置。 （　　）

四、简答题

1. 分析纯电动汽车驱动电机相关要求。

40

2. 分析三相交流异步电机、永磁同步电机的优缺点。

3. 分析永磁同步电机的工作原理。

4. 分析驱动电机系统的组成及组成各部分的作用。

5. 分析纯电动汽车空调制冷系统的组成及工作原理。

2.2　混合动力汽车

目前，常见的混合动力汽车多是指使用内燃机驱动和电力驱动的汽车，本书也主要介绍这种混合动力汽车。混合动力汽车的关键是混合动力驱动系统，它的性能直接关系到混合动力汽车的整车性能。前文已述及，混合动力汽车根据混合动力驱动系统的结构形式可分为串联、并联和混联三种类型，下文主要对这三种结构形式的混合动力系统做详细介绍。

一、混合动力汽车结构原理

1. 串联式混合动力汽车

串联式混合动力汽车主要由发动机、发电机和电机、动力蓄电池等部件组成。其中发动机与驱动轮之间并无直接的机械连接，驱动轮只由电动机驱动。在工作过程中，发动机仅用于驱动发电机发电，发电机所发出的电能用于供给电动机来驱动整车行驶，多余的电能存储于动力蓄电池中。驱动系统中只有一种能量传输路线，如图2-45所示。

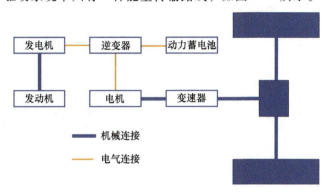

图 2-45　串联式混合动力汽车结构

在串联式混合动力汽车运行过程中，当发电机发出的电能超过车辆行驶所需的电能时，多余的电能将会给动力蓄电池充电，如果发电机发出的电能不能满足车辆行驶所需的电能时，动力蓄电池将向电机供电，以保证车辆正常行驶。在能量转换方面，发动机将燃料的化学能转换成机械能，驱动发电机运转，发电机将机械能转换成电机所需要的电能，电机再将输送过来的电能转换成机械能，驱动车辆行驶。从能量的转换过程可以看出，经过多次的转换，其间伴随着能量的损失，造成了能量利用率偏低。

串联式混合动力汽车具有串联驱动模式、联合驱动模式、纯电动模式、能量回收模式四种驱动模式，具体如下。

（1）串联驱动模式　在串联驱动模式下，发动机带动发电机产生的电能直接提供给电机，用于驱动车辆。串联驱动模式主要用于车辆负荷较大，但车辆所需的驱动功率又不超过发动机的最大功率时，如图2-46所示。

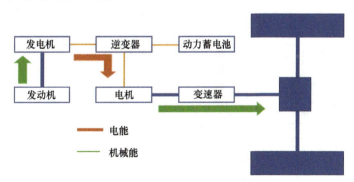

图 2-46　串联驱动模式

（2）联合驱动模式　在联合驱动模式下，发动机带动发电机产生的电流直接流向电动机，不经过电池，同时动力蓄电池也向电机供电。这种模式一般用在车辆加速、爬坡、大负荷运行等工况下，此时混合动力汽车的动力性达到最大，如图2-47所示。

（3）纯电动模式　在纯电动模式下，直接由动力蓄电池单独向电机供电以驱动汽车行驶。纯电动模式主要用在车辆负荷较小、电池电量充足的情况下，此时发动机不起动，如图2-48所示。

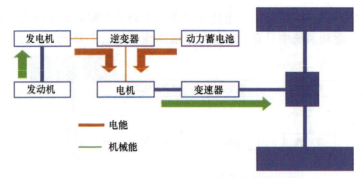

图 2-47　联合驱动模式

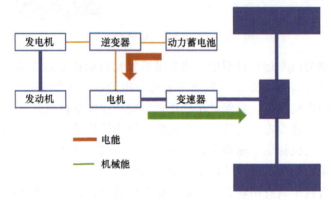

图 2-48　纯电动模式

（4）**能量回收模式**　在能量回收模式下，电机处于发电模式，将汽车的动能转化为电能存储在动力蓄电池中，以在必要时释放出来驱动汽车行驶。能量回收模式主要用在汽车以较低车速减速或者制动时，如图 2-49 所示。

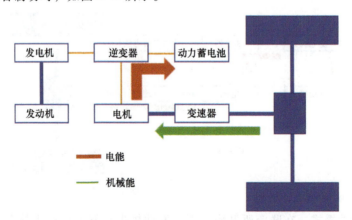

图 2-49　能量回收模式

2. 并联式混合动力汽车

并联式混合动力汽车有发动机系统和驱动电机系统两套驱动系统。它们既可以分开工作，也可以一起协同工作，共同驱动车辆行驶。并联式混合动力汽车可以在比较复杂的工况下使用，应用范围比较广，通常应用在小型混合动力汽车中。

如图 2-50 所示，在并联式混合动力汽车中，发动机和驱动电机通过动力耦合器直接与减速机构相连，用来驱动车辆，电机可同时用作电动机或发电机以平衡发动机所受的载荷，使其能在高效率区域工作。在并联式混合动力系统中可采用发动机单独驱动、驱动电机单独驱动、发动机和驱动电机联合驱动、再生制动能量回收 4 种工作模式。

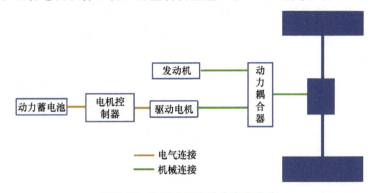

图 2-50　并联式混合动力汽车结构

（1）发动机单独驱动模式　当车辆采用发动机单独驱动模式运行时（图 2-51），发动机运转，将燃料的化学能转化成机械能，直接通过动力耦合器驱动车辆行驶。一般这种模式适合在车辆高速平稳运行的情况下使用，此时发动机处于高效转速区，燃料的经济性较高。

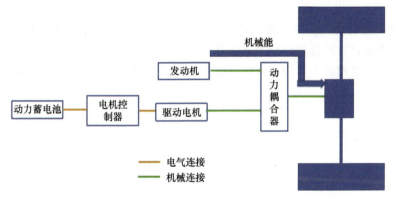

图 2-51　发动机单独驱动模式

（2）纯电动驱动模式　在纯电动驱动模式下（图 2-52），由动力蓄电池组释放电能，经

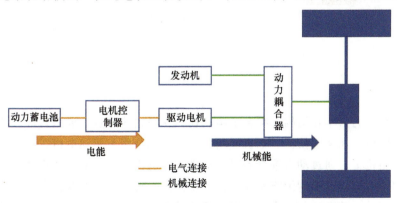

图 2-52　纯电动驱动模式

电机控制器将直流电转换为交流电，给驱动电机定子供电，驱动电机将动能转化为机械能驱动车辆行驶。一般这种模式适合在车辆刚起步、低速、轻载且动力蓄电池电量充足的情况下使用。如果在市区行驶时，蓄电池完全充满的情况下，则也可选用纯电动驱动方式。

（3）**混合驱动模式**　在混合驱动模式下（图2-53），发动机和驱动电机均处于工作状态。此时发动机作为主动力源，驱动电机作为辅助动力源协助发动机工作。一般这种工作模式用在车辆处于加速或爬坡时，两套驱动系统共同工作，提供车辆所需的功率，此时车辆的动力性处于最佳状态。

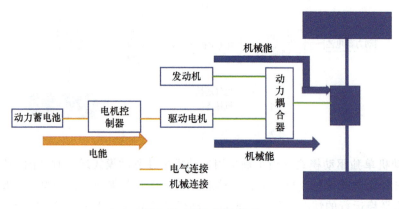

图 2-53　混合驱动模式

（4）**再生制动模式**　在再生制动模式下（图2-54），发动机不工作，驱动电机处于发电模式，将制动或减速时的能量转化为电能并存储在动力蓄电池中，以在必要时释放出来驱动汽车行驶。再生制动模式主要用在汽车以较低车速减速或者制动时，可以有效提高整车的续驶里程。

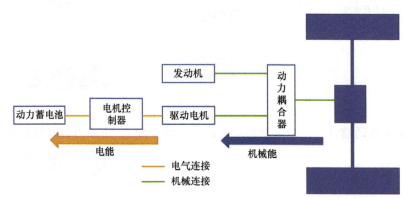

图 2-54　再生制动模式

3. 混联式混合动力汽车

混联式混合动力汽车在结构上综合了串联式和并联式的特点。混联式混合动力系统主要由发动机、发电机、功率变换器、电机控制器、动力耦合器、驱动电机、动力蓄电池系统等部件组成。在结构上，通过动力耦合器对发动机、发电机和驱动电机进行动力耦合，使得车辆在行驶过程中可以通过控制策略实现多种工作模式的转换。在混联式混合动力系统中可采用发动机单独驱动、纯电动驱动模式、混合驱动模式、行车充电模式、再生制动模式5种工作模式，如图 2-55 所示。

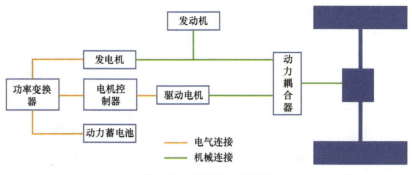

图 2-55　混联式工作原理

（1）发动机单独驱动模式　当车辆采用发动机单独驱动模式运行时（图 2-56），发动机运转，将燃料的化学能转化成机械能，直接通过动力耦合器驱动车辆行驶。此时，动力蓄电池既不充电也不放电，驱动电机处于停转状态。

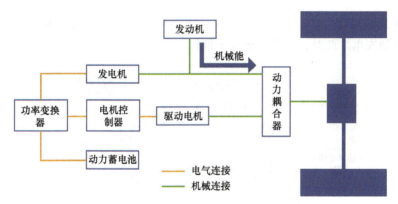

图 2-56　发动机单独驱动模式

（2）纯电动驱动模式　在纯电动驱动模式下（图 2-57），由动力蓄电池组释放电能，经功率变换器向驱动电机定子供电，驱动电机将电能转化为机械能，通过动力耦合器驱动车辆行驶。这种模式发电机、发动机处于停转状态。

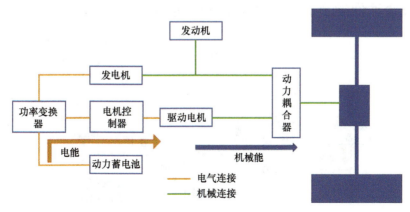

图 2-57　纯电动驱动模式

（3）混合驱动模式　在混合驱动模式下（图 2-58），发动机和驱动电机均处于工作状态。此时发动机和驱动电机通过动力耦合器向驱动车轮提供驱动力。一般这种工作模式用在车辆加速或爬坡时，此时车辆的动力性处于最佳状态。

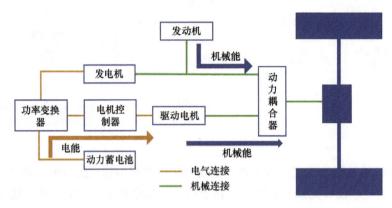

图 2-58　混合驱动模式

（4）行车充电模式　在行车充电模式下（图 2-59），发动机既给车辆提供驱动力，同时还给动力蓄电池充电。此时，驱动电机处于停转状态。

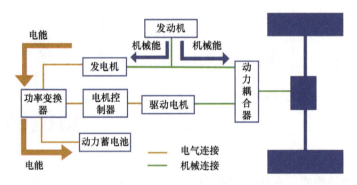

图 2-59　行车充电模式

（5）再生制动模式　在再生制动模式下（图 2-60），发动机不工作，驱动电机处于发电模式，将制动或减速时的能量转化为电能给动力蓄电池充电。

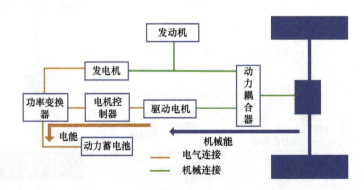

图 2-60　再生制动模式

二、混合动力汽车代表车型介绍

1. 丰田普锐斯混合动力汽车

丰田普锐斯混合动力系统（THS）是典型的混联式混合动力系统。从 1997 年 3 月上市至今，丰田混合动力系统（THS）已经发展到第四代。由于 THS-Ⅱ 应用最为广泛，后面的 THS 都是在其基础上发展而来，且区别不大，本书主要就 THS-Ⅱ 进行介绍。

在结构上，丰田普锐斯混合动力汽车是由两个或多个能同时运转的单个驱动系统联合组成的车辆，车辆的行驶功率依据车辆的实际行驶状态由单个驱动系统单独或共同提供（图2-61）。混合动力汽车的基本组成包括驱动电机及控制系统（ECU）、动力蓄电池及管理系统（ECU）、发动机及控制系统（ECU）等。

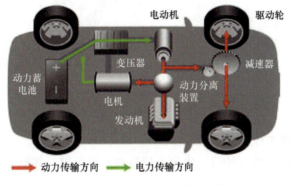

图 2-61　丰田普锐斯混联型结构

（1）结构组成

1）动力总成。THS-Ⅱ 驱动桥系统包括电机、发电机、行星齿轮及主减速齿轮等（图 2-62）。驱动桥使用连续变速传动装置。在普锐斯 P112 型混合动力变速驱动桥中，包括驱动车辆用的 MG2（2 号电动机/发电机）和发电用的 MG1（1 号电动机/发电机），该驱动桥通过带行星齿轮组的无级变速结构来达到运行平稳、安静的目的。在第 THS-Ⅵ代混动系统 P610 中，两个电机集成在一块并布置在发动机舱。电机的逆变器直接布置在了混动系统的上方。电池仍然布置在后排座椅下方。

1—MG1 2—MG2

图 2-62　丰田普锐斯混合动力驱动桥

2）动力蓄电池。丰田普锐斯采用镍氢（Ni-MH）蓄电池作为 HV 蓄电池（图 2-63），第四代中也可采用锂电池。镍氢（Ni-MH）混合动力蓄电池具有高能、重量轻等特点。HV 蓄电池、蓄电池 ECU 和系统主继电器（SMR）集中于一个动力蓄电池箱，位于后排的行李舱中，这样可以更有效地节省车内空间。在动力蓄电池箱中还包含一个检修开关，必要时用于切断电源。维修高压电路的任何部位时，切记将此开关拔下。充电/放电时，HV 蓄电池会散发热量，为保证蓄电池的性能，蓄电池 ECU 控制冷却风扇工作，帮助蓄电池散热。

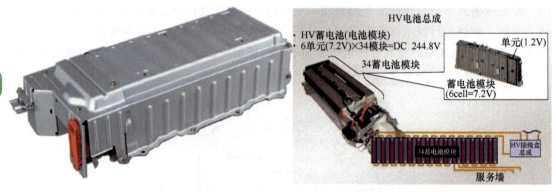

图 2-63　HV 蓄电池外观及内部组成

（2）混合动力系统工作过程

1）HV 蓄电池向电动机（MG2）供电，以驱动车辆行驶，如图 2-64 所示。

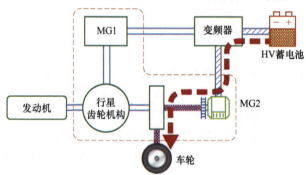

图 2-64　纯电动模式

2）发动机通过行星齿轮机构驱动车辆时，发电机（MG1）由发动机通过行星齿轮机构带动旋转，为电机（MG2）提供电能，同时驱动车辆行驶，如图 2-65 所示。

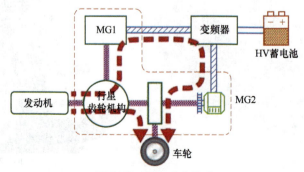

图 2-65　混合动力模式

3）发电机（MG1）由发动机通过行星齿轮机构带动旋转，为 HV 蓄电池充电，如图 2-66 所示。

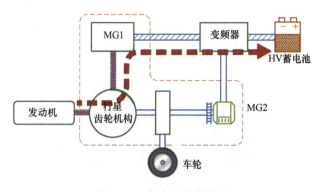

图 2-66 发动机发电模式

4）车辆减速时，车轮的动能被回收并转化为电能，并通过电机（MG2）再次为 HV 蓄电池充电，如图 2-67 所示。

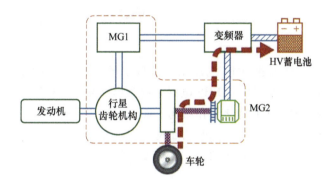

图 2-67 制动能量回收模式

2. 比亚迪秦 DM-i 混合动力汽车

DM-i，全称是 Dual Mode intelligente，简称为"超级混动"。DM-i 是比亚迪公司自主研发的第四代混动技术。DM-i 包含发动机、EHS 电混系统、刀片电池、交直流 OBC 等核心部件。其中，发动机负责提供动力，电机负责提供辅助动力，蓄电池组负责储存电能并供电给电机，EHS 电混系统变速器则负责变速和传递动力，如图 2-68 所示。

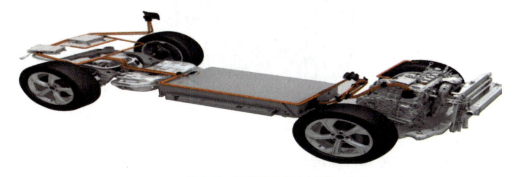

图 2-68 比亚迪秦 DM-i 结构

（1）结构组成

1）发动机。发动机（图 2-69）是比亚迪 DM-i 系统的核心部件之一，其整体结构相对于传统的发动机而言，都做了较大的调整。它采用的是阿特金森循环，提高了混合气体能量的利用率，减少了排气损失。同时它还具有高压缩比、采用高效的 EGR 技术的特点，可以有效提升发动机的功率输出，并减少发动机在中低负荷工况下的进气损失，有效降低氮氧化物的排放。

图 2-69　插电式混合动力汽车专用发动机

2）EHS 电混系统。比亚迪 DM-i 混动系统的核心部件之一就是混动专用变速器，比亚迪称之为 EHS 电混系统（图 2-70）。EHS 电混系统为串并联双电机结构，并在第一代 DM 混动系统的基础上，进行了全面的优化。在结构方面，它将两个高速电机并列放置，从而使整个系统的体积和重量都显著地减少。同时它还将发动机与发电机直接相连，驱动电机直接与减速齿轮相连，最终将功率输出到驱动轮，这样使得传输效率更高，更省油。

图 2-70　EHS 电混系统

3）刀片电池。比亚迪 DM-i 系统上采用的是刀片电池（图 2-71），其中单个电池组由 10~20 片刀片电池组成，电量在 8.3~21.5kW·h 之间。同时在空间布置方面，刀片电池采用将电芯采样线、数据线等置于一侧的布置形式，可以有效降低结构的复杂程度，提高电池组的能量密度。

图 2-71　刀片电池

（2）混合动力系统工作过程　DM-i 系统中动力蓄电池不仅可为车辆行驶提供电能，还可通过外接电源为其充电。此外，在工作中可分为纯电动模式、串联模式、并联模式、能量回收模式、直驱模式 5 种。DM-i 没有传统意义上的变速器，只有离合器，通过它的断开与结合来实现上述模式的切换，其结构如图 2-72 所示。

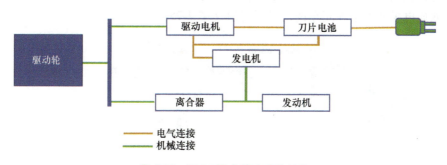

图 2-72　DM-i 混合动力系统结构

1）纯电动模式。在纯电动模式下（图 2-73），整个系统由刀片电池为驱动电机提供电能，驱动电机将电能转换成机械能驱动车辆行驶。这种模式下，发动机不提供动力，发电机也不工作。纯电动模式一般在刚起步或低速并且电量比较充足的情况下使用。

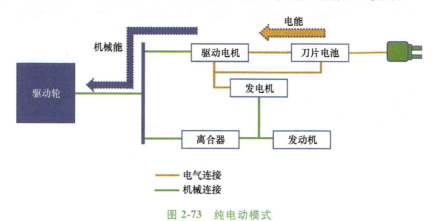

图 2-73　纯电动模式

2）串联模式。串联模式分为两种，一种是串联充电模式（图2-74），另一种是串联放电模式。在串联充电模式下，发动机起动，但离合器处于断开状态，此时发动机带动发电机进行发电，然后再根据车辆的需求，决定电流的方向。当发电机发出的电能大于驱动电机所需要的电能时，发电机电能除了直接提供给驱动电机之外，剩余的电能将给刀片电池充电。

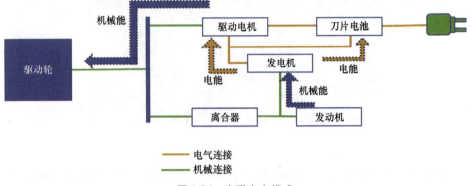

图 2-74　串联充电模式

当发电机发出的电能供给到驱动电机后，若驱动电机还未达到最大功率，那么刀片电池将为驱动电机供电，实现最大功率，这种模式称为串联放电模式。一般串联充电模式用在中低速，串联放电模式通常在超车的情况下使用（图2-75）。

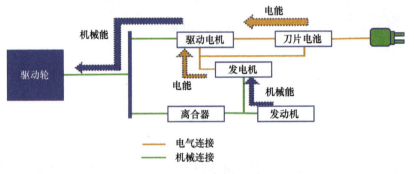

图 2-75　串联放电模式

3）并联模式。并联模式可分为并联放电模式和并联充电模式两种。在并联放电模式下（图2-76），当驱动电机已达最大功率却依旧不能满足动力需求时，离合器结合发动机输出

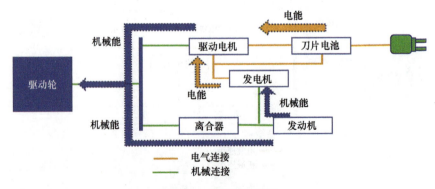

图 2-76　并联放电模式

一部分动能到驱动轮，驱动电机也输出一部分动能到驱动轮，它们共同驱动车轮以达到需求，并联放电模式一般在超车的情况下使用。

在并联充电模式下（图 2-77），当发动机输出的动力已经能够满足车辆行驶的需求时，多余的动力会通过驱动电机反向给刀片电池充电。此时驱动电机作为发电机使用，发动机依旧处于最高的燃烧效率区间。

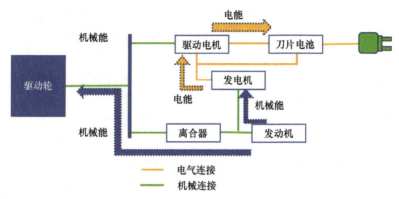

图 2-77　并联充电模式

4）能量回收模式。当踩下制动踏板或进行滑行等操作时，驱动电机变为发电机，将动能转化为电能，为刀片电池充电，增加续驶里程（图 2-78）。

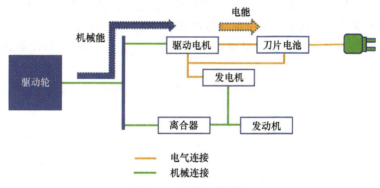

图 2-78　能量回收模式

5）直驱模式。在直驱模式下（图 2-79），离合器结合，此时发电机和驱动电机都不工作，只有发动机为汽车提供动力。这种模式下燃油效率最高，一般在高速巡航场景下使用。

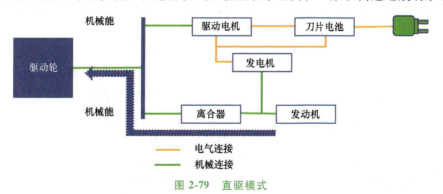

图 2-79　直驱模式

思考与练习

一、填空题

1. 串联式混合动力汽车主要由_____、发电机和_____、动力蓄电池等部件组成。其中发动机与驱动轮之间并无直接的机械连接，_____只由电动机驱动。

2. 串联式混合动力汽车具有_____、联合驱动模式、纯电动模式、_____四种驱动模式。

3. 并联式混合动力汽车有_____和_____两套驱动系统。它们既可以分开工作，也可以一起协调工作，共同驱动车辆行驶。

4. 在并联式混合动力系统中可采用_____、电动机单独驱动、_____、再生制动能量回收 4 种工作模式。

5. 混联式混合动力汽车在结构上综合了串联式和并联式的特点。混联式混合动力系统主要由_____、发电机、功率变换器、_____、动力耦合器、_____、动力蓄电池系统等部件组成。

6. 混合动力汽车的基本组成包括_____及控制系统（ECU）、动力蓄电池及管理系统（ECU）、_____及控制系统（ECU）等。

7. THS-Ⅱ驱动桥系统包括_____、发电机、_____及主减速齿轮等。

8. 镍氢（Ni-MH）混合动力蓄电池具有高能、_____等特点。

9. DM-i，全称是 Dual Mode intelligente，简称为_____。DM-i 是比亚迪公司自主研发的第四代混动技术。

10. 比亚迪 DM-i 混动系统的核心部件之一就是混动专用变速器，比亚迪称之为_____。

二、选择题

1. HEV 称为（　　）。

A. 纯电动汽车　　　　　　　　　　　B. 混合动力汽车

C. 氢能源动力汽车　　　　　　　　　D. 燃料电池汽车

2. "三大电"即新能源汽车技术的核心，其中最为核心的是（　　）。

A. 整车平台　　　B. 驱动电机技术　　　C. 电控技术　　　D. 动力蓄电池技术

3. 根据结构特点分析，丰田普锐斯采用的（　　）式混合动力系统，动力性能和燃油经济性都相当出色。

A. 混联　　　　　B. 并联　　　　　　C. 串联　　　　　　D. 车桥混联

4. 纯电动汽车和传统汽车或混合动力汽车相比，以下选项描述错误的是（　　）。

A. 驱动源只有电机　　　　　　　　　B. 可以省去变速器

C. 可以省去减速器　　　　　　　　　D. 可以省去差速器

5. 丰田普锐斯混合动力系统用（　　）控制电动机和发电机。

A. 变频器和转换控制器　　　　　　　B. 发动机 ECU

C. 防滑控制 ECU　　　　　　　　　　D. 蓄电池

三、判断题

1. 镍氢电池的缺点在于有毒、价高、高温充电性差。　　　　　　　　　（　　）

2. 镍氢电池自放电特性一般不受环境温度的影响，所以镍氢电池对存放环境并无特殊要求。　　　　　　　　　　　　　　　　　　　　　　　　　　　（　　）

3. 镍氢电池没有有害物质，所以可以通过掩埋处理，不会污染土壤，更不会影响农作物生长。　　　　　　　　　　　　　　　　　　　　　　　　　　　（　　）

4. 普锐斯 HV 蓄电池的高压直流电由变频器转化为三相交流电来驱动 MG1 和 MG2。　　　　　　　　　　　　　　　　　　　　　　　　　　　　　（　　）

5. 对于混合动力汽车，根据行驶状态或 HV 蓄电池状态自动控制发动机转速（起动和停止）。　　　　　　　　　　　　　　　　　　　　　　　　　　　（　　）

6. 电机虽然种类繁多，但基本结构均由定子和转子两大部分组成。　（　　）

7. 混合动力汽车的续驶里程和动力性可达到内燃机汽车的水平。　（　　）

8. 普锐斯在车辆正常起步时由电机驱动。　　　　　　　　　　　　（　　）

9. 混合动力汽车完美结合了电动汽车和燃油汽车的优点，没啥缺点。（　　）

10. 并联式混合动力汽车的驱动电机和发动机都能单独驱动车轮。　（　　）

四、简答题

1. 分析混合动力汽车的主要结构组成及各组成部分的作用。

2. 分析串联式混合动力汽车的串联驱动模式的工作过程。

3. 分析并联式混合动力汽车的混合驱动模式的工作过程。

4. 分析混联式混合动力汽车的纯电动驱动模式的工作过程。

阅读小资料

刀　片　电　池

刀片电池（The blade battery）是比亚迪公司于 2020 年 3 月 29 日发布的电池产品。该电池采用磷酸铁锂技术，首先搭载于"汉"车型。

　　"刀片电池"通过结构创新，在成组时可以跳过"模组"，大幅提高了体积利用率，最终达成在同样的空间内装入更多电芯的设计目标。相较传统电池包，"刀片电池"的体积利用率提升了50%以上，也就是说续驶里程可提升50%以上，达到了高能量密度三元锂电池的同等水平。

　　同时，刀片电池通过了电池安全测试领域的"珠穆朗玛峰"——针刺测试，并成功挑战了极端强度测试——46t重型货车碾压测试，具备超级安全、超级强度、超级续航、超级寿命的特点。超级安全：针对刀片电池使用七重安全维度测试，涵盖内部短路、外部短路、过充、碰撞、高压、连接以及危险气体测试；超级强度：电池包具备挤压不起火、不爆炸特性，并通过了模拟碰撞、抗压强度等测试；超级续航：续驶里程轻松突破600km；超级寿命：能够充放电3000次以上，满足车辆行驶全生命周期需求。

第3章
燃料电池电动汽车与其他能源汽车

3.1 燃料电池电动汽车

燃料电池电动汽车是一种利用车载燃料电池装置产生的电力作为驱动动力的汽车。车载燃料电池装置是燃料电池电动汽车的核心装置。燃料电池的类型主要包括碱性燃料电池、磷酸燃料电池、质子交换膜燃料电池、碳酸盐燃料电池和固态氧化物燃料电池等。

一、燃料电池

1. 燃料电池的定义

燃料电池是将燃料发生电化学反应时产生的能量转化为电能对外输出的装置。其基本工作原理如图 3-1 所示。

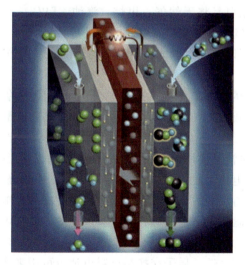

图 3-1 燃料电池

燃料电池是继火电、水电、核电之后的第四种发电方式。从表面上看，燃料电池与蓄电池一样，有正极、负极和电解质等，都能输出电能，但燃料电池不能通过充电的方法储存电能，燃料电池本质上就是一个电化学反应器，它在反应过程中需要一直消耗燃料和空气。

2. 燃料电池的类型

燃料电池按照不同的分类方式，可以分为不同的类型。

（1）按其工作温度分类 按燃料电池工作温度的不同，可分为低温燃料电池、中温燃料电池和高温燃料电池三种。

1）低温燃料电池的工作温度要低于200℃，电解质采用水溶液，但需要金属铂作为催化剂才能达到工作所需的高电压及高电流密度，该电池所采用的燃料一般为氢气或纯化后的含氢燃料。常见的低温燃料电池有碱性燃料电池、质子交换膜燃料电池。

2）中温燃料电池的工作温度为200~750℃。中温燃料电池结合了高温燃料电池和低温燃料电池的优点，同时去掉了它们的部分缺点。工作温度在200~750℃的中温燃料电池能够提高贵金属催化剂的一氧化碳耐受能力，从而使得金属和合成树脂等材料有可能作为电池的连接和密封材料，这样可以降低燃料电池的成本，还可以延长燃料电池的使用寿命。常见的中温燃料电池有磷酸燃料电池。

3）高温燃料电池的工作温度要大于750℃，需要用熔融盐或固体氧化物作为电解质。高温燃料电池能在不使用特殊催化剂的情况下达到一定的高电压及高电流密度。高温燃料电池的燃料可以有多种选择，除氢气外，还可采用天然气、甲烷、沼气等作为燃料。常见的高温燃料电池有熔融碳酸盐燃料电池和固体氧化物燃料电池。

（2）按燃料的来源分类　按燃料电池燃料来源的不同，可将其分为直接式燃料电池、间接式燃料电池和再生式燃料电池三种。

1）直接式燃料电池的燃料主要是液态或气态的纯氢气，这样可以不用再利用电解水去产生氢气，但还是需要铂、金、银等贵重金属作为催化剂。直接式甲醇燃料电池也不用预先进行重整，直接就可以将甲醇在正极处转化成二氧化碳和氢气，但缺点是需要使用比纯氢燃料消耗更多的铂催化剂。

2）间接式燃料电池主要是将天然气、甲烷、汽油、LPG、二甲醚等作为燃料，经过重整和纯化后转换为氢或含氢燃料再提供给燃料电池进行转化。

3）再生式燃料电池可以把燃料电池反应生成的水经合理的方法重新分解成氢，再循环输送给燃料电池进行发电。

（3）按燃料电池采用的电解质分类　根据燃料电池所使用的电解质的不同，可将其分为质子交换膜燃料电池、碱性燃料电池、磷酸燃料电池、熔融碳酸盐燃料电池、固态氧化物燃料电池等。

1）质子交换膜燃料电池是使用质子交换膜作为电解质，其工作温度约为80℃。在这样的低温下运行，需要利用电极上的一层铂来进行催化，才能够确保电化学反应可以正常进行。质子交换膜燃料电池内唯一的液体为水，因此耐蚀性能好，电池的使用寿命较长。质子交换膜燃料电池即使在低温状态下也能够在短时间内起动，并且可以在短时间内就达到满载运行，电流的密度和功率的密度比较高，发电效率可以达到50%，运行较为可靠，是目前电动汽车动力蓄电池的不错之选。质子交换膜燃料电池也可用来代替移动电源，或者用作小型发电装置、便携款电器的电源。质子交换膜燃料电池如图3-2所示。

2）碱性燃料电池是利用石棉网作为电解质的承载物件，将氢氧化钾水溶液作为电解质，工作温度一般在70~200℃，其结构如图3-3所示。当达到高温（约为200℃）时会使用质量分数较高的氢氧化钾作电解质，在温度较低（小于120℃）时则采用质量分数较低的氢氧化钾作电解质。碱性燃料电池工作时需要以纯氢气作为电池阳极的燃料气体，用纯氧作为电池阴极的氧化剂，用金、银等贵重金属或者是其他的过渡金属作为催化剂。

碱性燃料电池的电解质腐蚀性较强，因而其使用寿命较短。与其他燃料电池相比，碱性

图 3-2 质子交换膜燃料电池

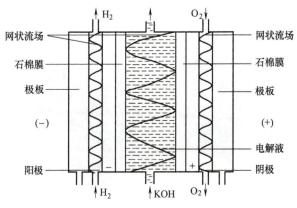

图 3-3 碱性燃料电池结构

燃料电池的优点是起动时间短、功率密度高、性能可靠，是目前技术水平比较成熟的燃料电池之一。碱性燃料电池还应用于航天、军事、发电等领域。

3）磷酸燃料电池所采用的电解质为磷酸水溶液，其结构如图3-4所示，电池工作温度在 150~200℃，其电极跟质子交换膜电池一样也需要用铂作为催化剂来加速反应。在低温时，其电池发电效率只能达到45%，燃料方面需要进行重整改质，改质后燃料中 CO 的体积分数必须小于 0.5%。由于磷酸作为电解质具有一定的腐蚀作用，磷酸燃料电池的使用寿命较短。

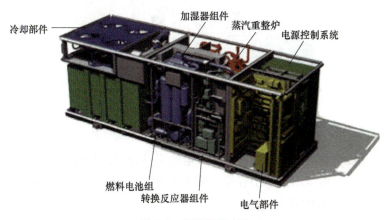

图 3-4 磷酸燃料电池

如今磷酸燃料电池的技术已趋成熟，产品也顺利进入商业化。磷酸燃料电池的缺点之一是起动时间长，因此不适合用在轿车上，但磷酸燃料电池在公共汽车上已有成功的应用案例。磷酸燃料电池也可以作为现场可移动电源及备用电源使用。

4）熔融碳酸盐燃料电池的电解质为碱性碳酸盐，如图3-5所示，其工作温度大概在600~800℃。熔融碳酸盐燃料电池的电解质在高温下会出现熔融状态，在高温下电极反应不需要铂等贵重金属催化剂。该电池可以直接将天然气和石油等化合物作为燃料，因其工作温度高，所以发电的效率比较高。但是由于熔融碳酸盐燃料电池需要经过比较长的工作时间才能达到需要的工作温度，所以它不能作为电动汽车的动力蓄电池。而且由于其电解质的温度和腐蚀特性，熔融碳酸盐燃料电池也不适合用作移动电源或者是便携式电器的不间断电源。熔融碳酸盐燃料电池具有较高的发电效率，因此将它用于大规模的发电场所是一种比较不错的选择。

图 3-5　熔融碳酸盐燃料电池

5）固态氧化物燃料电池的电解质采用了固态的金属氧化物，如图3-6所示，工作温度较高，达到了650~1000℃。固态氧化物燃料电池的电极部分也无需铂等贵重金属作为催化剂，而且由于电解质是固态的，所以不会有电解质蒸发和电池材料腐蚀的问题，电池的使用寿命较长。目前，固态氧化物燃料电池可以连续工作70000h。固态氧化物燃料电池也可以使用天然气和石油等化合物作为燃料。燃料在其内部可以进行重整改质。

图 3-6　固态氧化物燃料电池

由于固态氧化物燃料电池工作温度较高，电池不易密封，起动的时间也较长，所以不能作为紧急电源使用，但可以用作中小容量的分散型电源（500kW~50MW），也可以用于大容量的集中型电厂（大于100MW）。

上述5种燃料电池的特点对比见表3-1。

表 3-1 燃料电池的特点对比

种类	质子交换膜燃料电池	碱性燃料电池	磷酸燃料电池	熔融碳酸盐燃料电池	固态氧化物燃料电池
电解质	质子交换膜	KOH水溶液	磷酸水溶液	碱性碳酸盐	氧化锆陶瓷
工作稳定/℃	80	70~200	150~200	600~800	650~1000
燃料	H_2、甲醇、天然气等	H_2	H_2	CO、H_2	CO、H_2
氧化剂	空气或O_2	O_2	空气	空气	空气
起动时间	几分钟	几分钟	2~4h	大于10h	大于10h
主要优点	起动快、比功率高、工作温度低、使用寿命长	起动快、效率高,可在室温下工作	对CO不敏感	效率高、无须贵重金属作为催化剂	效率高、无须贵重金属作为催化剂
主要缺点	对CO敏感,成本较高	需使用纯氧化剂,有腐蚀性	效率较低,有腐蚀性	工作温度较高,控制复杂,有腐蚀性	工作温度高,控制复杂,有腐蚀性
主要应用领域	航天、军事、电动汽车	航天、军事	大客车,中小电厂	大型电厂	大型电厂

从上面的表格中可以看出,质子交换膜燃料电池工作温度低、起动时间短、效率较高,因此是电动汽车用燃料电池的最佳选择。

二、质子交换膜燃料电池

1. 质子交换膜燃料电池单体结构

质子交换膜燃料电池单体主要由膜电极、双极板、端板、密封圈、气体通道等组成。其结构如图3-7所示。

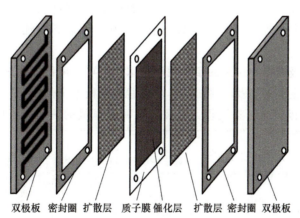

双极板 密封圈 扩散层 质子膜 催化层 扩散层 密封圈 双极板

图 3-7 质子交换膜燃料电池结构

(1) 膜电极 膜电极是质子交换膜与两侧的气体扩散层(阴、阳电极)通过热压而成的结合体。膜电极是质子交换膜燃料电池的核心部件,其结构如图3-8所示。质子交换膜是一种厚度仅为$50\mu m$的薄膜片,是电极活性物质(催化剂)的基底。由于结构、工艺和生产等方面的原因,质子交换膜的制造成本很高。

质子交换膜是质子交换膜燃料电池的核心技术,其化学、物理性质对质子交换膜燃料电

61

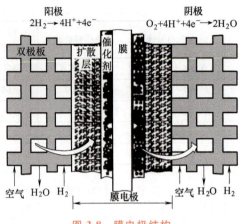

图 3-8　膜电极结构

池性能的影响极大。因此，对质子交换膜有以下要求：

1）质子交换膜表面与催化剂之间有良好的结合性能。

2）应具有一定的含水率。

3）在当前极薄的结构尺寸设计下还应该具有一定的机械强度。

4）在电池工作时具有良好的化学稳定性。

5）具有良好的离子导电性能。

催化剂是质子交换膜燃料电池的另一项核心技术。为了加速正极上氢气的氧化反应和负极上氧气的还原反应，在气体扩散电极上放有一定量的催化剂。

目前的催化剂通常会采用金属铂。金属铂是价格比较昂贵的资源。起初的膜电极是将金属铂直接通过热压技术压到电解质膜的两侧。采用这种方法使得铂的实际用量较多，从而导致了燃料电池的成本过高。如今通过采用碳载铂的技术和涂膏法、浇注法、滚压法、电化学催化法等制备工艺，大大提高了金属铂的利用率，从而使燃料电池的成本能够在可控范围之内。

好的气体扩散电极需要有一定的亲水性和疏水性，可以确保催化剂工作时处于最佳的环境，同时还能把反应生成的水及时排出去，从而避免电极上全是水。

（2）双极板　双极板又叫集流板，安装位置在膜电极的两侧，可以把电池单体串联起来。结构如图 3-9 所示。

图 3-9　双极板

62

双极板的两端分别与相邻两电池单体的阳极和阴极接触，这样可以不使用导线就把各电池单体串联起来。双极板不仅有导电和串联各电池单体的作用，还能够利用它表面的导流槽起到一定的导流燃料、氧气及冷却水的作用。

2. 质子交换膜燃料电池工作原理

（1）阳极 进入的氢气通过双极板经由阳极气体扩散层到达阳极催化剂位置，接着在阳极催化剂的作用下，氢分子分解为 H^+（氢离子）和 e^-（电子）。

阳极处的反应式：$2H_2 \rightarrow 4H^+ + 4e^-$

（2）外部电路 氢离子穿过膜电极到达阴极催化剂层，而电子则由双极板收集，通过外电路到达阴极，电子在外电路形成电流，通过适当连接可向负载输出电能。

（3）阴极 在电池阴极一侧，氧气通过阴极集流板（双极板）经由阴极气体扩散层到达阴极催化剂层。在阴极催化剂的作用下，氧与透过膜的氢离子及来自外电路的 e^-（电子）发生反应生成水，完成阴极反应；电极反应生成的水大部分由尾气排出，一小部分在压力差的作用下通过膜电极向阳极扩散。

阴极处的反应式：$O_2 + 4e^- + 4H^+ \rightarrow 2H_2O$

总反应式：$2H_2 + O_2 \rightarrow 2H_2O$ 质子交换膜燃料电池的工作原理如图 3-10 所示。

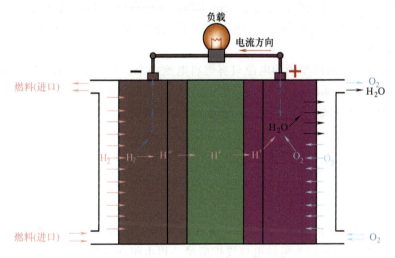

图 3-10 质子交换膜燃料电池工作原理

三、燃料电池电动汽车技术

1. 燃料电池电动汽车的类型

（1）按有无蓄能装置分类 根据燃料电池电动汽车是否配备蓄能装置，可将燃料电池电动汽车分为纯燃料电池电动汽车和混合型燃料电池电动汽车两大类。

1）纯燃料电池电动汽车的燃料电池是电动汽车的唯一电能来源。该类型的燃料电池电动汽车要求燃料电池的功率要大，而且因为没有汽车制动能量回收功能，所以这种纯燃料电池电动汽车目前应用较少。

2）混合型燃料电池电动汽车在结构上除了安装了燃料电池，还同时加装了蓄能装置（动力蓄电池）。依靠蓄能装置可协助供电的能力，可以减小燃料电池的功率，并且蓄能装置的存在还可以使汽车具有制动能量回收功能，显著提高了燃料电池电动汽车的能量利用率。这种燃料电池电动汽车应用较多，其结构如图 3-11 所示。

动力蓄电池

冷却装置

储氢罐

燃料电池

驱动电机

图 3-11　混合型燃料电池电动汽车

（2）按"多电源"的配置不同分类　根据燃料电池电动汽车电源的配置情况不同，可将燃料电池电动汽车分为纯燃料电池驱动的车辆，由燃料电池和辅助电池（FC+B）驱动的车辆，由燃料电池和超级电容器（FC+C）联合驱动的车辆，由燃料电池、辅助电池和超级电容器驱动的车辆。

1）纯燃料电池驱动的车辆的电源只有燃料电池一个，车辆的所有用电负荷都由燃料电池独自承担。燃料电池系统会将氢气和氧气反应后产生的电能输送给驱动电机，驱动电机再将得到的电能转换为机械能对外输出给传动系统。如图 3-12 所示为纯燃料电池驱动汽车的动力系统结构。

图 3-12　纯燃料电池驱动车辆的动力系统结构

2）由燃料电池和辅助电池（FC+B）驱动的车辆。在这种结构的动力系统下，燃料电池系统和辅助类的电池共同为驱动电机提供能量，再由驱动电机将电能转换为机械能输出给传动系统。燃料电池和辅助电池联合驱动车辆的动力系统结构如图 3-13 所示。

图 3-13　燃料电池与辅助电池共同驱动车辆的动力系统结构

3）燃料电池和超级电容器（FC+C）联合驱动的车辆。这种结构是将辅助电池由超级电容器来进行代替。与辅助电池相比，超级电容器具有更高的充放电效率、更少的能量损耗、更高的功率密度和更长的循环寿命，但其能量密度较小。随着超级电容器技术的不断进步，这种结构将成为一个新的重要的研究方向。燃料电池和超级电容器联合驱动车辆的动力系统结构如图 3-14 所示。

图 3-14　燃料电池与超级电容器联合驱动车辆的动力系统结构

4）由燃料电池、辅助电池和超级电容器驱动的车辆。这种结构的动力系统不仅为燃料电池提供动力，也为辅助电池和超级电容器提供动力，驱动电机工作。燃料电池、辅助电池和超级电容器共同驱动车辆的动力系统结构如图 3-15 所示。

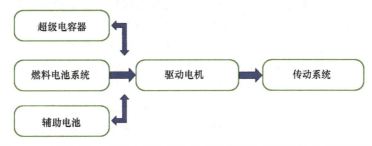

图 3-15　燃料电池、辅助电池和超级电容器共同驱动车辆的动力系统结构

（3）按燃料电池与蓄电池的结构关系分类　根据混合型燃料电池电动汽车中燃料电池和蓄电池的电路结构，可将混合型燃料电池电动汽车分为串联式和并联式两种。如图 3-16 所示。

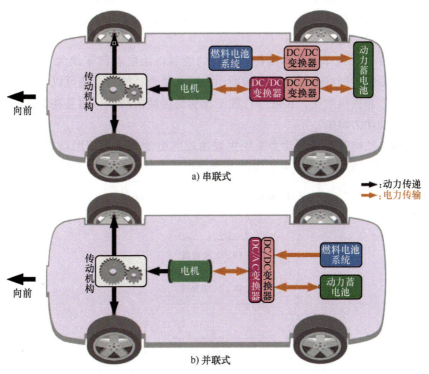

图 3-16　串/并联式燃料电池电动汽车结构

1）串联式燃料电池电动汽车的燃料电池作为车载发电装置，利用 DC/DC 变换器进行电压变换后对动力蓄电池充电，再由动力蓄电池向电动机提供驱动车辆的电力。

串联式燃料电池电动汽车的优点是可以用功率相对较小的燃料电池，但要增大动力蓄电池额定容量及功率，并且燃料电池发出的电能需要经过电化学转换过程，过程中具有一定的能量转换损失。目前，串联式燃料电池电动汽车较为少见。

2）并联式燃料电池电动汽车由燃料电池和动力蓄电池共同向电机提供动力。根据燃料电池与动力蓄电池能量大小的不同，又可以分为大燃料电池电动汽车和小燃料电池电动汽车两种。大燃料电池电动汽车的电力来源主要是燃料电池，动力电池的容量较小，一般会在电动汽车刚起步、加速、爬坡等需要大功率的行驶工况下才协助工作，并且还能在车辆减速与制动时进行能量回收。而小燃料电池电动汽车则需要使用较大容量的动力蓄电池，由动力蓄电池提供大部分的电力，燃料电池只负责协助供电，与大燃料电池电动汽车相反。

并联式燃料电池电动汽车结构是目前电动汽车上应用较多的形式。

（4）按提供的燃料不同分类　按燃料电池所提供的燃料不同，燃料电池电动汽车又可以分为直接燃料电池电动汽车和重整燃料电池电动汽车两种。

1）直接燃料电池电动汽车的电池燃料主要是纯氢，也可以用甲醇等燃料代替。直接燃料电池电动汽车的结构简单、质量轻、能量效率高、成本低。但是它对储氢装置的技术要求比较高。

2）重整燃料电池电动汽车的燃料主要有汽油、天然气、甲醇、甲烷、液化石油气等。重整燃料电池电动汽车的结构要比直接燃料电池电动汽车复杂得多。比如，汽油重整燃料电池电动汽车需要对汽油进行 1000℃ 左右的加热以分解出氢气。而且无论采用的是什么燃料，重整燃料电池电动汽车都需安装重整装置才能将其转化为燃料电池所需要的氢。

目前的燃料电池电动汽车采用重整技术的相对较少，大都以纯氢为车载氢源。

2. 燃料电池电动汽车的结构

（1）燃料电池电动汽车的基本结构　现在的燃料电池电动汽车绝大多数采用的是混合式燃料电池驱动系统，即将燃料电池与辅助动力源相结合，燃料电池可以只满足持续功率需求，借助辅助动力源提供加速、爬坡等行驶工况所需的峰值功率，而且在制动时可以将回馈的能量储存在辅助动力源中。

混合式燃料电池电动汽车的动力系统主要由燃料电池系统、辅助动力源、DC/DC 变换器、DC/AC 变换器、驱动电机、电子控制系统等组成。其结构如图 3-17 所示。

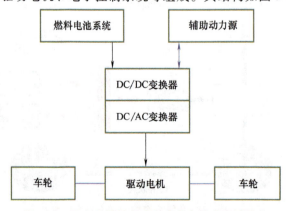

图 3-17　混合式燃料电池电动汽车动力系统结构

1）燃料电池系统。燃料电池系统包括燃料电池本体、氢气供应系统、氧气供应系统、水管理系统、热管理系统等。具体结构如图3-18所示。

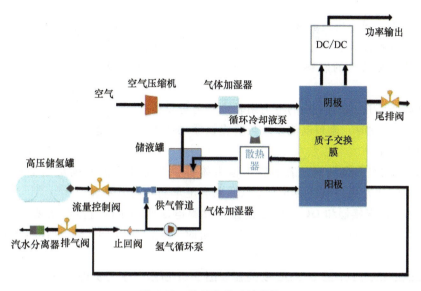

图 3-18　燃料电池系统结构

2）氢气供给系统的储存方式主要有低温液化氢、高温液化氢和高压气态氢三种。其中气态的氢气需要采用高压储氢罐作为储存容器。如果采用液态氢气的话，那么结构上不仅需要使用高压储氢罐，还需要低温的恒温装置来配合使用。储氢罐如图3-19所示。

3）氧气供给系统的作用是提供电化学反应所需的氧气，可以是纯氧，也可以是空气。氧气由电机驱动的送风机或者是空气压缩机供给。氧气供给系统的装置、管路、阀门等有一定的密封要求，其密封性能需要与氢气供给系统相同。空气压缩机如图3-20所示。

图 3-19　储氢罐

图 3-20　空气压缩机

4）水管理系统的作用是当燃料电池在电化学反应时在电池阴极处会产生水时，可及时排出去，以免造成燃料电池失效。对于质子交换膜燃料电池，质子传导需要有水参与，如果水不够会影响电解质膜的质子传导性，进而影响电池的性能。

5）热管理系统的作用是将电池产生的部分热量带走，避免因电池温度过高而烧坏电解质

67

膜。热管理系统中还包括泵（或风机）、散热器等部件。最常用的传热导介质是水和空气。

只有这些辅助系统匹配恰当且运转正常，才能保证燃料电池系统正常运转，保证电能的输出。

（2）辅助动力源 燃料电池电动汽车的设计不同，车辆所采用的辅助动力源也有不同，主要的辅助动力源有蓄电池组、飞轮储能器或超大容量电容器等。

在具有双电源系统的燃料电池电动汽车上，驱动电机的电源可以出现以下几种驱动模式：

1）车辆起动时，驱动电机的电力由辅助动力源供给。

2）当车辆行驶时，燃料电池系统负责提供驱动所需的全部电能，多出的电能则会被储存到辅助动力源中。

3）在车辆加速和爬坡时，若燃料电池系统提供的电能不能够满足电动汽车驱动的要求，则会由辅助动力源共同提供电力，以此来满足车辆的动力要求。

（3）DC/DC 变换器和 DC/AC 变换器 燃料电池所产生的直流电需要利用 DC/DC 变换器进行电压大小的调节，电压输出给交流电机时，还需利用 DC/AC 变换器把直流电转换为交流电。

燃料电池电动汽车中的 DC/DC 变换器如图 3-21 所示，主要实现以下三个功能：

1）调节燃料电池的输出电压。

2）调节整车能量分配。

3）稳定整车直流母线电压。

（4）驱动电机 驱动电机主要用来将电源提供的电能转换为机械能输出给传动装置，驱动车辆行驶。驱动电机正朝着大功率、高转速、高效率和小型化的方向发展。

燃料电池电动汽车用的驱动电机主要有直流电机、交流电机、永磁电机和开关磁阻电机等。当前以交流电机和永磁无刷电机居多，如图 3-22 所示。

图 3-21　DC/DC 变换器　　　　　　　图 3-22　驱动电机

（5）电子控制系统 燃料电池电动汽车的电子控制系统主要由燃料电池系统控制器、DC/DC 变换器、辅助储能装置能量管理系统、电机驱动控制器及整车协调控制器等部件组成，其连接方法如图 3-23 所示。

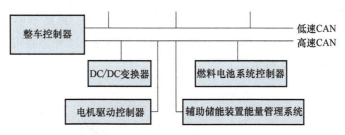

图 3-23　燃料电池电动汽车电子控制系统

四、典型燃料电池电动汽车应用实例

1. 本田 Clarity 燃料电池电动汽车

本田汽车公司早在 20 世纪 80 年代就开始研发燃料电池系统。2008 年，本田推出 FCX Clarity 车型用于出租，这款车拥有先进的燃料电池技术，受到市场的认可。到了 2016 年，随着燃料电池技术的进一步发展，本田燃料电池电动汽车也达到了新的高度，本田 2016 款 Clarity 就此问世，它比以前的燃料电池电动汽车更加实用，并且能提供更多的驾驶乐趣，同时实现真正的零排放。如图 3-24、图 3-25 所示。

图 3-24　本田 2008、2016 款 Clarity 结构区别

图 3-25　本田 Clarity 汽车

本田 Clarity 燃料电池电动汽车主要由燃料电池动力系统、锂离子电池、高压储氢罐等组成。70MPa 的储氢罐可以存储多达 5kg 的高压氢气，理论上续驶里程可以达到 750km。本田 Clarity 整车结构如图 3-26 所示。

70MPa储氢罐

锂离子电池

燃料电池动力系统

图 3-26　本田 Clarity 汽车结构

燃料电池动力系统如图 3-27 所示，主要由燃料电池堆、升压变频器、动力控制单元（PCU）、驱动电机等组成，燃料电池堆的最大功率可以达到 103kW，能量密度可以做到 3.1kW/L，驱动电机最大功率为 130kW，最大转矩为 300N·m。

升压变频器

燃料电池堆

驱动电机

动力控制单元(PCU)

减速器

图 3-27　燃料电池动力系统

2. 丰田 Mirai 燃料电池电动汽车

丰田第一代 Mirai 于 2014 年 11 月正式推出，是世界上首款商业化的燃料电池电动汽车，具有重要的里程碑意义。与第一代 Mirai 的燃料电池堆相比，第二代 Mirai 搭载的燃料电池堆具有更高的性能及更低的成本，从而有效地促进燃料电池电动汽车的普及。如图 3-28 所示。

第二代 Mirai 是基于丰田 TNGA 架构研发的，驱动电机放置在车辆后轴附近。高度集成化的燃料电池管理系统则被放置在车辆前机舱盖下方（第一代 Mirai 采用前驱动电机的布局）。底盘的空间优势使得储氢罐的容量得以提升，储氢罐升级为三个，并且呈 T 字形布局

图 3-28　丰田 Mirai 汽车

在后排座椅和行李舱的下方，如图 3-29 所示，三个储氢罐可装载 5.6kg 氢气（第一代 Mirai 为 4.6kg）。这也使得第二代 Mirai 的续驶里程相比第一代提升了 30%，达到 845km。电池方面采用了固态聚合物氢燃料电池，体积更小但功率密度更高，燃料电池 DC/DC 变换器也比第一代 Mirai 小 21%，轻 2.9kg。全新 Mirai 驱动电机最大功率为 184 马力（1 马力 = 735.499W），峰值转矩为 300N·m，最高时速可达 175km/h。

丰田第二代 Mirai 主要由以下几部分组成：燃料电池堆、高压储氢罐、空气压缩机、冷却系统、升压变换器、动力蓄电池、驱动电机、电源控制单元，其结构如图 3-29 所示。

图 3-29　Mirai 底盘结构

思考与练习

一、填空题

1. 燃料电池是将燃料发生_____时产生的能量转化为_____对外输出的装置。

2. 燃料电池是继_____、_____、_____之后的第四种发电方式。

3. 燃料电池本质上就是一个_____，它在反应过程中需要一直消耗燃料和空气。

4. 燃料电池按工作温度不同进行分类可分为_____、_____、_____三种类型。

5. 燃料电池按燃料来源不同进行分类可分为_____、_____、_____三种类型。

6. 燃料电池按电解质不同进行分类可分为_____、_____、_____、_____、_____五种类型。

7. 质子交换膜燃料电池单体主要由_____、_____、端板、密封垫片、气体通道等组成。

8. 燃料电池电动汽车按有无蓄能装置可分为_____、_____两类。

9. 燃料电池电动汽车按提供的燃料不同可分为_____、_____两类。

10. 混合型燃料电池电动汽车按燃料电池与蓄电池的结构关系不同可分为_____、_____两类。

11. 燃料电池系统包括_____、_____、氧气供应系统、水管理系统、热管理系统等。

12. 混合式燃料电池电动汽车的动力系统主要由_____、辅助动力源、DC/DC 变换器、_____、驱动电机、电子控制系统等组成。

13. 燃料电池电动汽车氢气的储存方式有_____、_____、_____三种。

14. 燃料电池电动汽车的氧气由_____或者是空气压缩机供给。

15. 燃料电池系统中热管理系统的作用是_____。

16. 燃料电池电动汽车用的驱动电机主要有_____、_____、_____和开关磁阻电机等。当前以交流电机和_____居多。

17. 燃料电池电动汽车的电子控制系统主要由_____、DC/DC 变换器、_____、电机驱动控制器及整车协调控制器等部件组成。

18. 本田 Clarity 燃料电池电动汽车燃料电池堆的最大功率可以达到_____，能量密度可以做到_____，驱动电机最大功率为_____，最大转矩为 300N·m。

19. 丰田第二代 Mirai 所采用的燃料电池是_____。

二、选择题

1. 燃料电池电动汽车的主要能源来源是（　　　）。

A. 石油　　　　　B. 天然气　　　　　C. 电能　　　　　D. 氢气

2. 燃料电池电动汽车的排放物主要是（　　　）。

A. 二氧化碳　　　B. 一氧化碳　　　　C. 水　　　　　　D. 氮氧化物

3. 下列关于燃料电池电动汽车的说法，正确的是（　　　）。

A. 燃料电池电动汽车的续驶里程较短

B. 燃料电池电动汽车的维护成本较高

C. 燃料电池电动汽车无法快速充电

D. 燃料电池电动汽车的加速性能较差

4. 氢燃料电池的工作原理主要涉及（　　　）。

A. 氧化还原反应　　B. 置换反应　　　　C. 分解反应　　　　D. 合成反应

5. 与传统内燃机汽车相比，燃料电池电动汽车的主要优势是（　　　）。

A. 更快的加速性能　　　　　　　　B. 更高的燃料效率

C. 更低的生产成本　　　　　　　　D. 更长的使用寿命

6. 下列在汽车中应用最为广泛的燃料电池是（　　　）。

A. 质子交换膜燃料电池　　　　　　B. 固体氧化物燃料电池

C. 熔融碳酸盐燃料电池　　　　　　D. 碱性燃料电池

7. 质子交换膜燃料电池（PEMFC）中的质子交换膜主要起（　　　）作用。

A. 储存氢气　　　　　　　　　　　B. 导通电流

C. 隔离氢气和氧气　　　　　　　　D. 催化化学反应

8. 燃料电池电动汽车氢气的储存方式主要有（　　　）。

A. 液态储存　　　B. 气态储存　　　C. 固态储存　　　D. 以上所有

9. 燃料电池电动汽车的储氢罐通常由（　　　）制成。

A. 塑料　　　　　B. 钢铁　　　　　C. 铝合金　　　　D. 碳纤维复合材料

10. 燃料电池电动汽车的电能主要通过（　　　）产生。

A. 燃料电池内的化学反应　　　　　B. 发电机

C. 太阳能电池板　　　　　　　　　D. 风力发电机

11. 与传统电池相比，燃料电池的主要特点是（　　　）。

A. 储存的能量更多　　　　　　　　B. 需要的充电时间更短

C. 在反应过程中不会产生污染物　　D. 成本更低

12. 燃料电池电动汽车中，氢气通常以（　　　）进入燃料电池堆。

A. 液态形式　　　B. 气态形式　　　C. 固态形式　　　D. 离子形式

13. 燃料电池电动汽车的电能主要用于（　　　）。

A. 驱动电机　　　　　　　　　　　B. 给车载娱乐系统供电

C. 为车载电池充电　　　　　　　　D. 以上所有

14. 燃料电池电动汽车的发展受到（　　　）的影响。

A. 氢气的储存和运输技术　　　　　B. 燃料电池的成本和寿命

C. 充电基础设施的建设　　　　　　D. 以上所有

15. 与传统内燃机汽车相比，燃料电池电动汽车在未来可能面临（　　　）。

A. 技术成熟度和成本问题　　　　　B. 氢气的供应和储存问题

C. 市场接受度和基础设施建设问题　D. 以上所有

三、判断题

1. 燃料电池是一种原电池。　　　　　　　　　　　　　　　　　　（　　）

2. 燃料电池需要点燃。　　　　　　　　　　　　　　　　　　　　（　　）

3. 燃料电池效率可达100%。　　　　　　　　　　　　　　　　　（　　）

4. 燃料电池效率要高于内燃机。　　　　　　　　　　　　　　　　（　　）

5. 燃料电池电动汽车无噪声污染。　　　　　　　　　　　　　　　（　　）

6. 燃料电池电动汽车不需要维护。　　　　　　　　　　　　　　　（　　）

7. 氢燃料来源很广泛。　　　　　　　　　　　　　　　　　　　　（　　）

8. 燃料电池电动汽车比较适合长途行驶。　　　　　　　　　　　　（　　）

9. 燃料电池电动汽车加速性能差。　　　　　　　　　　　　　　　（　　）

10. 燃料电池电动汽车成本高。　　　　　　　　　　　　　　　　　（　　）

四、简答题

1. 在质子交换膜燃料电池中，对质子交换膜有哪些要求？

2. 详述质子交换膜燃料电池的工作原理。

3. 燃料电池电动汽车按"多电源"的配置不同可分为哪几类？

4. 燃料电池电动汽车中的 DC/DC 变换器主要实现哪些功能？

5. 在具有双电源系统的燃料电池电动汽车上，驱动电机的电源有哪几种驱动模式？

3.2 其他能源汽车

一、燃气汽车

将可燃气体作为燃料的汽车称为燃气汽车。

常见的燃气汽车根据使用的燃气不同，可以分为压缩天然气汽车（CNGV）、液化天然气汽车（LNGV）、液化石油气汽车（LPGV）。液化天然气需要在-162℃的温度下进行储存，由于存储液化天然气成本高，所以一般都将天然气以压缩的形式存储。

按照燃料种类的不同可以将燃气汽车分为单燃料燃气汽车，两用燃料燃气汽车，双燃料燃气汽车。各种常用燃料的理化性质见表3-2。

表 3-2　燃料理化性质

种类	汽油	轻柴油	天然气（NG）	液化石油气（LPG）
来源	石油炼制产品	石油炼制产品	以自由状态存在于油气田中，以20MPa的压力存储为压缩天然气（CNG），在-160℃以下隔热状态保存为液化天然气（LNG）	在石油炼制过程中产生的液化气体

（续）

种类		汽油	轻柴油	天然气（NG）	液化石油气（LPG）
分子式		含 $C_5 \sim C_{11}$ 的 HC	含 $C_{15} \sim C_{23}$ 的 HC	含 $C_1 \sim C_3$ 的 HC，主要成分是 CH_4	含 $C_3 \sim C_4$ 的 HC，主要成分是 C_3H_8
质量分数	ω_C	0.855	0.87	0.75	0.818
	ω_H	0.145	0.126	0.25	0.182
	ω_O	—	0.004	—	—
相对分子质量		114	170	16	44
液态密度/（kg/L）		0.70 ~ 0.75	0.82 ~ 0.88	0.42	0.54
沸点/℃		25 ~ 220	160 ~ 360	-161.5	-42.1
蒸发热/（kJ/kg）		334	—	510	426
理论空气量	kg/kg	14.9	14.5	17.4	15.8
	m^3/kg	11.54	11.22	13.33	12.12
	kmol/kg	0.515	0.50	0.595	0.541
自燃温度/℃		220 ~ 250	—	632	504
闪点/℃		-45	50 ~ 65	-162	-73.3
燃料低热值/（kJ/kg）		44000	42500	50050	46390
混合气热值/（kJ/m^3）		3750	3750	3230	3490
辛烷值	RON	90 ~ 106		130	96 ~ 111
	MON	80 ~ 83		120 ~ 130	89 ~ 96
蒸汽压/kPa		49 ~ 83		不能测定	1274

1. 压缩天然气汽车（CNGV）

压缩天然气是指将天然气压缩到 20MPa 的高压，经过脱水、脱硫净化处理后，经多级加压，最后将其充入汽车后部、上部或支架的高压筒形储气罐储存。压缩天然气使用时的状态为气态。如图 3-30 所示为压缩天然气储气罐。

图 3-30 压缩天然气储气罐

压缩天然气的主要成分是甲烷（占比在 90% 以上），还包含乙烷、丙烷、丁烷等。压缩天然气的特点与液化石油气类似，热值高、抗爆燃性能好、燃点高。

压缩天然气汽车是以压缩天然气作为汽车燃料的车辆，对目前在用车来说，可以将定型的汽油车改装，保留原车的燃料供给系统，额外增加一套专用的压缩天然气供给装置，成为压缩天然气汽车，燃料供给的转换只需要拨动转换开关即可。加充一次天然气可行驶200km左右，特别适合公共汽车、市内出租车、往返里程不超过200km的中巴车等使用。如图3-31所示为压缩天然气汽车。

图 3-31　压缩天然气汽车

（1）压缩天然气汽车相比燃油汽车的优势

1）压缩天然气汽车的维护成本低于其他燃料汽车。

2）可以延长润滑油的使用寿命，因为天然气不像燃油那样会污染和稀释润滑油。

3）压缩天然气汽车的尾气排放量大大降低，CO 降低 80%，HC 降低 60%，NO_x 降低 70%。

4）天然气的价格低于汽油和柴油，燃料费用可以节省 50% 左右，大幅降低了用车成本。

5）安全性强。天然气燃点在 650℃ 以上，比汽油燃点（427℃）高出 223℃，不易点燃。

6）抗爆性能好。天然气辛烷值高，可达 130，比汽油辛烷值高得多。

7）改装成本低。目前，一辆汽车加装 CNG 系统仅需 1 万元左右。

（2）压缩天然气汽车结构组成　压缩天然气汽车主要由高压电磁阀、高压减压器、低压电磁阀、ERP 阀、混合器、电子节气门、防喘振阀、电控模块等组成。其结构如图 3-32 所示。

1）高压电磁阀的作用是及时切断或恢复燃料的供给。如图 3-33 所示。

2）高压减压器主要是通过压力膜片调整节流孔的流通面积，可以将高压的压缩天然气减压至 7~9MPa。其外观如图 3-34 所示。

3）低压电磁阀由线圈驱动阀芯，再由 ECM 控制其开闭，能够及时切断或恢复燃料供给。其结构如图 3-35 所示。

4）电控调压器（EPR 阀）内部有一个控制芯片，该芯片可以接收来自 ECM 的控制指令，借助高压电磁阀来控制天然气的供气量，从而控制天然气的喷射量。如图 3-36 所示。

5）混合器用来将天然气和冷却后的空气充分混合，可以使燃烧更加充分、柔和，从而有效降低 NO_x 的排放。

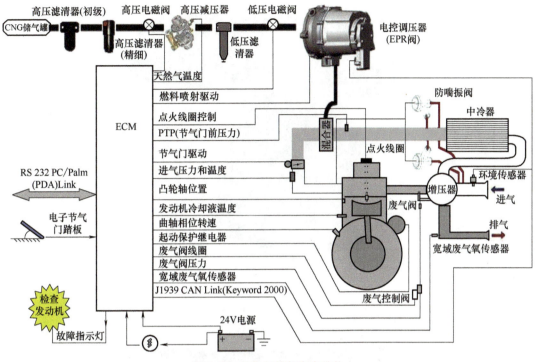

图 3-32 压缩天然气汽车结构

图 3-33 高压电磁阀   图 3-34 高压减压器

6）电子节气门原理是由发动机 ECM 通过控制节气门的开度大小，控制进入气缸内的气体量，从而控制发动机的转速和负荷。当驾驶员踩下加速踏板时，踏板将信号传递给发动机 ECM，ECM 再根据发动机运行工况控制节气门开度。

7）发动机控制模块（ECM）是压缩天然气发动机的核心部件，可以利用各种传感器信号来实时监控发动机的运行工况，再根据发动机的工况来控制各执行器的工作。

图 3-35　低压电磁阀

78

图 3-36　EPR 阀

8）当发动机突然减速时，利用防喘振阀上面的通气软管将节气门后的低压压力传递到防喘振阀的压力反馈接头上，接着打开阀的单向膜片，使增压器前后的压力达到平衡状态，从而避免增压器出现喘振现象，起到保护增压器的作用。防喘振阀如图 3-37 所示。

（3）**压缩天然气汽车基本工作原理**　压缩天然气经过滤清器过滤后，通过高压电磁阀进入到高压减压器，利用高压减压器将高压的压缩天然气（压力大约为 2~3MPa）减压，减压后的天然气压力降至 0.7~0.9MPa。由于天然气在减压过程中会因压力的降低导致体积出现膨胀，膨胀后会吸收大量的热量，为防止高压减压器出现结冰现象，可以利用发动机冷却液在高压减压器里对天然气进行加热。减压后的压缩天然气进入 EPR 阀内，EPR 根据发动机 ECM 的指令，来调整压缩天然气的供给量。压缩天然气与空气在混合器中混合，再一起

图 3-37　防喘振阀

进入发动机气缸内进行燃烧，其中火花塞的点火时间由发动机 ECM 决定，借助氧传感器的闭环控制即时监控尾气中的氧含量，发动机 ECM 再根据氧传感器的反馈信号及时修正压缩天然气的供给量。

2. 液化石油气汽车（LPGV）

液化石油气是一种烃类混合物（含 3 个或 4 个碳原子的烃类，以丙烷（C_3H_8）、丙烯（C_3H_6）、丁烷（C_4H_{10}）、丁烯（C_4H_8）为主）。液化石油气比空气重，有较高的辛烷值，具有混合均匀、燃烧充分、不积炭、不稀释润滑油等优点，能够延长发动机使用寿命，而且一次载气量大、续驶里程长。

以液化石油气（LPG）为燃料的汽车称为 LPG 汽车，目前大多数液化石油气汽车为两用燃料汽车，发动机可以在两种燃料之间进行切换，但两种燃料不允许同时使用，一次只允许使用一种燃料。LPG 汽车如图 3-38 所示。

图 3-38　LPG 汽车

（1）液化石油气汽车系统组成　液化石油气汽车主要由储气罐、化油器、LPG 电磁阀、汽油电磁阀、混合器、燃料转换开关、控制电路等组成。其结构如图 3-39 所示。

1）储气罐安装在行李舱内，其作用是储存 LPG，上面安装了集成阀，确保储气罐的使用安全。如图 3-40 所示。

2）化油器把储气罐的 LPG 经过减压汽化后，以一定压力供给混合器。为加速汽化，采用发动机的循环冷却液进行加热。

79

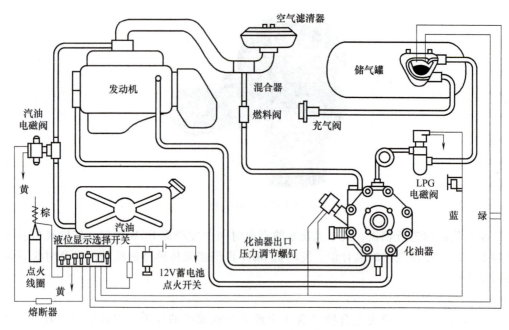

图 3-39　液化石油气汽车系统组成

图 3-40　储气罐

3）LPG 电磁阀和汽油电磁阀。LPG 供气管路中安装了一个 LPG 电磁阀，汽油管路中安装了一个汽油电磁阀，其作用是在燃料转换时接通（切断）液化石油气或汽油。

4）混合器安装在空气滤清器和化油器之间，使液化石油气在此与空气进行混合。

5）燃料转换开关用于实现汽油和 LPG 两种燃料之间的选择、转换。

（2）液化石油气汽车基本工作原理　当燃料转换开关拨到液化石油气位置时，汽油电磁阀断电（切断汽油供给），LPG 电磁阀通电。液化石油气从储气罐出来，经过 LPG 电磁阀到达化油器，经过降压、汽化变为接近大气压的气体。LPG 流经燃料阀到达混合器，在混合器中与空气充分混合，紧接着根据发动机的具体工况向发动机供应一定量的混合气体。

二、生物质燃料汽车

生物质燃料汽车是以生物质燃料作为动力源的一种新型汽车。

所谓的生物质是指利用大气、水、土地等通过光合作用而产生的各种有机体，即一切有生命的可以生长的有机物质。它包括植物、动物和微生物，不同于石油、煤炭、核能等传统燃料，这些新兴的燃料是可再生燃料。

当前在汽车上应用比较多的生物质燃料为醇类燃料和生物柴油。

1. 醇类燃料

醇类燃料是指甲醇（CH_3OH）和乙醇（C_2H_5OH），它们都属于含氧燃料，以甲醇为燃料的汽车称为甲醇汽车，以乙醇为燃料的汽车称为乙醇汽车。如图 3-41、图 3-42 所示。

图 3-41　甲醇汽车

图 3-42　乙醇汽车

（1）醇类燃料的来源　甲醇是由一氧化碳和氢气合成的一种无色透明的液体，易挥发且易燃。甲醇主要由天然气、重油、石脑油、液化石油气、煤炭、油页岩、木材和垃圾等物质通过提炼获取。乙醇又称酒精，生产方法主要有发酵法、乙烯水合法等，生产原料主要有三类：

1）含糖农作物，如甘蔗、甜菜等。

2）淀粉农作物，如玉米、小麦、红薯等。

3）纤维素原料，如木材、木屑等。

（2）醇类燃料燃烧方式　醇类燃料在汽车发动机上的燃烧方式可分为三类：掺烧、纯烧和改质。

1）掺烧指的是醇类燃料以不同体积比例与汽油或者柴油掺杂着一起在发动机内部进行燃烧做功。

2）纯烧是指单纯燃烧甲醇或者乙醇燃料。

3）改质指的是对醇类燃料进行改质。

（3）醇类燃料汽车燃料供给系统结构　醇类燃料汽车燃料供给系统主要由油箱、燃油泵总成（燃油泵、粗/细滤清器等）、油管、喷油器等组成。醇类燃料汽车燃料供给系统结构如图 3-43 所示，与传统汽车电控燃料供给系统基本相同。

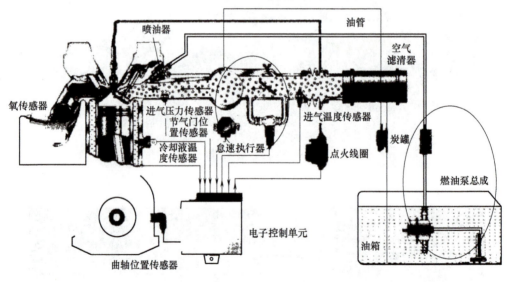

图 3-43　醇类燃料汽车燃料供给系统结构

（4）醇类燃料的特点

1）醇类燃料具有节能、安全、原料来源广泛、抗爆性好的优点，缺点是冷车起动较为困难、动力性能相较汽油机略微有所下降、发动机容易产生磨损。

2）醇类燃料在汽车上应用时主要采用掺烧的燃烧方式。

3）醇类燃料发动机结构原理与传统汽油机类似，但是对零部件质量的要求更高。

4）醇类燃料有混合燃料容易发生分层、腐蚀和溶胀等问题。

5）醇类燃料首次使用前要对车辆内部进行清洗。

6）醇类燃料对橡胶有影响，应当注意对橡胶件的选择。

2. 生物柴油

生物柴油是指从可回收的资源比如植物油（大豆油、花生油、玉米油等）、动物油（猪油、牛油、羊油）和已经使用过的废弃油和脂肪中提炼的一种液态产品。生物柴油可以用来当作汽车的替代燃料，如图 3-44 所示。生物柴油车就是以生物柴油作为动力源的一种新型新能源柴油车。

图 3-44　生物柴油

生物柴油相较传统柴油具有以下几种特点：

1）点火性能好：生物柴油的十六烷值比柴油的十六烷值要高。

2）燃烧更充分：生物柴油中氧含量高于石化柴油，燃烧比石化柴油更充分。

3）适用性广：生物柴油可以作为海洋运输、地质矿业设备等非道路用替代燃料。

4）保护动力设备：生物柴油黏度较高，容易在气缸内壁形成一层油膜，从而降低机件磨损。

5）通用性好：无需改动柴油机，可直接添加使用。

6）安全可靠：生物柴油的闪点较石化柴油高且气候适应性强，生物柴油由于不含石蜡，低温流动性佳。

7）具有优良的环保特性：生物柴油中硫含量低，使得 SO_2 和硫化物的排放量低。

3. 氢内燃机汽车

（1）氢内燃机汽车工作原理　氢内燃机汽车是指通过内燃机燃烧氢气（分解甲烷或电解水取得）从而产生动力的汽车。氢气燃烧后的生成物是水，因此可以实现零排放。氢内燃机汽车与氢燃料电池电动汽车不同，氢燃料电池电动汽车是利用氢气的化学能转化为电能输出给电机驱动汽车，而氢内燃机汽车是直接将氢气充入发动机内部进行燃烧驱动汽车行驶，直接将氢气的化学能转化为机械能。

（2）氢内燃机系统基本组成　氢内燃机系统主要包括氢气供应系统、燃烧室、气缸、活塞、曲轴、连杆、气门和点火系统等部分，其结构如图 3-45 所示。

1）氢气供应系统主要由储气罐、输送管道和喷射器等组成。储气罐一般采用高压储氢技术将氢气压缩，以便在燃烧时可以释放更多的能量。输送管道主要作用是将氢气从储气罐送到喷射器处，再由喷射器来将氢气喷射到燃烧室内，最后与空气混合后参与燃烧过程。

2）燃烧室是氢气和空气混合后燃烧的地方。一般有直喷式和间喷式两种形式。

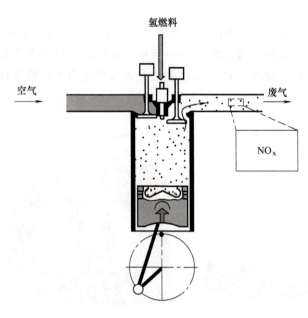

图 3-45　氢内燃机系统结构

3）气缸、活塞、曲轴和连杆这些部件是氢内燃机的主要机械部件，它们用来把燃烧后产生的能量转化为机械能对外输出。活塞在气缸内进行往复运动时，通过曲轴和连杆将活塞的上下往复运动转化为旋转运动进行输出，从而驱动车辆行驶。

4）气门和点火系统这两个装置是氢内燃机的控制部分，主要是用来调整氢气和空气进入气缸的量以及开始点火的时间，以此来保证处于燃烧室内的氢气和空气可以在适当的时刻被点燃。

思考与练习

一、填空题

1. 将_____作为燃料的汽车称为燃气汽车。

2. 常见的燃气汽车根据使用的燃气不同，可以分为_____、_____、_____。

3. 压缩天然气使用时的状态为_____。

4. 压缩天然气的主要成分是_____，还包含乙烷、_____、丁烷等少量其他物质。

5. 压缩天然气的特点有：_____、_____、_____。

6. 压缩天然气汽车主要由_____、高压减压器、低压电磁阀、_____、混合器、电子节气门、_____、电控模块等组成。

7. 高压电磁阀的作用是_____。

8. 液化石油气汽车主要由_____、化油器、LPG 电磁阀、_____、混合器、_____、控制电路等组成。

9. 当前在汽车上应用比较多的生物质燃料为_____、_____。

10. 醇类燃料在汽车发动机上的燃烧方式可分为_____、_____、_____三类。

二、选择题

1. 天然气的甲烷含量一般在（　　）以上。

A. 50%　　　　　　B. 70%　　　　　　C. 90%　　　　　　D. 95%

2. 车用压缩天然气的压力一般在（　　）MPa 左右。

A. 5　　　　　　　B. 10　　　　　　　C. 20　　　　　　　D. 30

3. 压缩天然气（CNG）汽车排放的污染物中，（　　）的含量大大低于以汽油为燃料的汽车。

A. 硫化物　　　　　B. 氮氧化合物　　　C. 一氧化碳　　　　D. 碳氢化合物

4. 以下选项中，不是压缩天然气（CNG）汽车主要优点的是（　　）。

A. 清洁环保　　　　B. 燃料成本低　　　C. 燃料易获取　　　D. 发动机噪声小

5. 液化石油气（LPG）主要由（　　）组成。

A. 甲烷和乙烷　　　B. 乙烷和丙烷　　　C. 丙烷和丁烷　　　D. 丁烷和戊烷

6. 液化石油气（LPG）的密度大约是汽油的（　　）倍。

A. 0.5~0.7　　　　B. 1　　　　　　　C. 1.5　　　　　　D. 2

7. 液化石油气（LPG）汽车的燃料储存罐一般采用（　　）制成。

A. 铝合金　　　　　B. 碳钢　　　　　　C. 塑料　　　　　　D. 不锈钢

8. 在生产甲醇燃料的过程中，（　　）不是常用的原料。

A. 天然气　　　　　B. 煤炭　　　　　　C. 重油　　　　　　D. 水

9. 关于甲醇燃料的来源，以下说法不正确的是（　　）。

A. 甲醇可以通过煤炭汽化得到

B. 石油提炼过程中可以直接得到甲醇

C. 天然气是甲醇燃料的主要来源之一

D. 可再生资源也可以用于生产甲醇燃料

10. 在醇类燃料汽车中，乙醇的空燃比相对较低，这意味着（　　）。

A. 乙醇的燃烧效率更高　　　　　　　　B. 乙醇的消耗量更大

C. 乙醇的燃烧速度更快　　　　　　　　D. 乙醇的挥发性更好

三、判断题

1. CNG 汽车相比传统汽油车，其尾气排放中的有害物质含量更低，因此更加环保。

（　　）

2. CNG 的价格通常比汽油便宜，因此 CNG 汽车在经济上更具优势。　　（　　）

3. 任何汽车都可以随意改装为 CNG 汽车，无需经过任何审批或检查。　（　　）

4. 与汽油相比，甲醇燃料更容易燃烧并引发火灾。　　　　　　　　　（　　）

5. 与传统汽油相比，乙醇燃料的消耗率更高，因此经济性较差。　　　（　　）

6. 醇类燃料与传统汽油在物理和化学性质上没有明显区别。　　　　　（　　）

7. 使用醇类燃料的汽车不需要对传统汽油车进行任何改装。　　　　　（　　）

8. 生物柴油是一种可再生能源。　　　　　　　　　　　　　　　　　（　　）

9. 生物柴油与传统柴油在安全性上没有显著差异。　　　　　　　　　（　　）

10. 任何使用传统柴油的汽车都可以直接改用生物柴油。　　　　　　　（　　）

四、简答题

1. 分析压缩天然气汽车相比燃油汽车有哪些优势。

2. 分析压缩天然气汽车的基本工作原理。

3. 分析液化石油气作为燃料的优点。

4. 分析醇类燃料的特点。

5. 简要分析氢内燃机汽车的基本工作原理。

阅读小资料

柴茂荣：勇攀科技高峰　书写氢能传奇

在当今能源转型的浪潮中，氢能作为一种清洁、高效的能源载体，正逐渐展现出巨大的潜力。而在我国氢能领域的发展进程中，国家电投集团氢能首席专家、氢能型号总师、氢能科技发展有限公司董事、首席技术官、全国能源化学地质系统"大国工匠"柴茂荣，无疑是一位杰出的技术先驱，他以坚定的信念和卓越的智慧，在氢燃料电池电动汽车领域勇攀科技高峰，书写了属于中国的氢能传奇。

柴茂荣的成功并非偶然，这一切都是他厚积薄发的结果。柴茂荣早年在海外求学和工作期间，就展现出了对燃料电池研究的浓厚兴趣和卓越才华。他不断探索创新，在燃料电池相关理论和技术方面取得了重要成果。在取得了一系列成就之后，心怀祖国的他毅然选择回国，投身于我国的氢能事业。回国后，柴茂荣全身心投入到氢燃料电池的研发工作中。面对国内氢能产业起步晚、技术薄弱的困境，他毫不退缩，带领团队日夜攻关，从基础研究到技术应用，每一个环节都精心打磨。在他的努力下，一项项技术难题被攻克，一个个创新成果不断涌现。

他深入钻研氢燃料电池的核心技术，在催化剂的研发方面取得了重要进展，成功研发出高性能、低成本的催化剂，大大提高了氢燃料电池的效率和稳定性，为氢燃料电池的广泛应用铺平了道路。

在电池的结构设计上，柴茂荣也有着独到的见解和创新。他优化了电池的内部结构，改善了气体传输和电流分布，使得氢燃料电池的输出性能显著提升。

同时，柴茂荣还注重系统集成技术的研究。他成功构建了高效的氢燃料电池系统，实现了各个组件之间的完美协同工作，提高了整个系统的可靠性和耐久性。

他负责研制的"氢腾"燃料电池发动机已全面实现国产化，并在2022年北京冬奥会期间有着优异的表现。柴茂荣和他的团队不仅为我国氢能技术的发展注入了强大动力，也为推动我国能源转型和实现"双碳"目标做出了重要贡献。

第4章
新能源汽车的使用与充电

4.1 新能源汽车的使用

新能源汽车与传统燃油汽车结构上的差异，导致它们在使用上也存在一些区别。例如，由于纯电动汽车上没有了发动机，其仪表板上就没有发动机转速表。同时，纯电动汽车上使用的是电能，其仪表上会有充电指示灯、动力蓄电池绝缘故障警告灯等，这些都是与传统燃油汽车在使用上存在的差异。混合动力汽车的使用方法包含了燃油汽车的使用方法和纯电动汽车的使用方法两部分内容，燃油汽车的使用方法已经被广泛熟知，故本章主要对纯电动汽车的使用方法进行说明。

一、纯电动汽车仪表

新能源汽车的仪表板与传统燃油汽车仪表板相比，既有相同点也有不同点。比如传统燃油汽车仪表上的左右转向指示灯、危险警告灯、ABS故障指示灯、安全带提示灯等，在纯电动汽车上依然存在。但纯电动汽车上也增加和去掉了一些故障指示灯。本章主要就纯电动汽车仪表板新增加的指示灯进行说明，以便能够快速地掌握仪表的使用方法。图 4-1 所示为纯电动汽车仪表板新增的内容。

名称	图形符号	图形含义	图形颜色
低电压指示灯		灯亮起时表示蓄电池充电故障或者蓄电池电压低，其信号来源于整车控制器	红色
充电指示灯		当动力蓄电池电量过低时指示灯点亮，提醒驾驶员充电	黄色
动力蓄电池故障警告灯	 HV	表示动力蓄电池故障。信号来自整车控制器	红色
电机过热指示灯		当电机温度过高时，指示灯点亮	红色
高压断开指示灯		表示高压系统没有工作，其信号来源于整车控制器	黄色
充电连接指示灯		当指示灯点亮时，表示充电线已连接	红色
行驶准备指示灯	READY	此灯亮，表示系统高电压上电完成，车辆可以行驶，若存在故障时，此灯不亮	绿色
系统故障警告灯		当发生动力系统故障或通信故障时，此灯点亮	红色

图 4-1　纯电动汽车仪表板新增的内容

二、纯电动汽车起动方法与操控

1. 纯电动汽车档位介绍

纯电动汽车档位设置与传统燃油自动变速汽车档位设置基本一致。在纯电动汽车中没有变速器，可以直接通过控制电机转速来调节车速。因此变速杆的设计较为简单，通常采用电子式、旋钮式或拨杆式档位开关。大多数纯电动汽车的变速杆有R位、N位、D位三个档位，部分车型具备P位，如图4-2所示为小鹏汽车的换档杆，其基本操作方法如下。

图4-2 小鹏汽车的换档杆

1）"P"位。车辆完全停止后，按下"P"位按键，档位切换至"P"位，电子驻车自动启用。在"P"位状态下，车辆电机驱动系统停止工作，不会输出动力，同时减速器上的"P"位电机工作，驱动锁止机构固定减速器输出齿轮，使车辆锁定不能移动。车辆处于"P"位时，电子档杆上的"P"位指示灯点亮，同时仪表会显示车辆处于"P"位状态。

2）"R"位。倒车时挂入此档位。挂入"R"位之前，请务必确保汽车已经完全停下来。从"P"位或"N"位挂入"R"位时，车辆必须处于READY状态、踩下制动踏板，同时往前方推动一下电子档杆挂入此档位。在"R"位状态下，车辆电机驱动系统进入工作状态，电机按照车辆倒退方向输出动力，同时根据驾驶员操纵加速踏板和车辆负荷等信息控制电机转速和转矩。

3）"N"位。车辆从运行状态停止时，挂入此档位。从"R"位挂入"N"位时，必须先踩下制动踏板，同时往后方拉动一下电子档杆挂入此档位。从"D"位挂入"N"位时，必须先踩下制动踏板，同时往前方推动一下电子档杆挂入此档位。若需将换档杆从"N"位挂至其他档位，必须先踩下制动踏板，同时操作电子档杆。在"N"位状态下，车辆电机驱动系统停止工作，电机不会输出动力，但车辆减速器没有锁定，车辆可以被移动（需要人工推车或被拖车拖动时挂入此档位）。

4）"D"位。正常向前行驶时挂入此档位。从"P"位或"N"位挂入"D"位时，车辆必须处于READY状态、踩下制动踏板，同时按下或往后方拉动一下电子档杆挂入此档位。在"D"位状态下，车辆电机驱动系统进入工作状态，电机按照车辆前进方向输出动力，同时根据驾驶员操纵加速踏板和车辆负荷等信息控制电机转速和转矩。

2. 纯电动汽车起动方法

纯电动汽车的起动方法与传统燃油汽车的起动方法区别不大，但略有差异。在纯电动汽车中，只有当仪表板"READY"指示灯亮起的时候，车辆才能挂入前进档行驶。绝大多数的纯电动汽车采用智能钥匙。正常情况下，起动车辆时可以按照以下步骤操作。

起动车辆之前，关闭车门，系好安全带，踩下制动踏板，开启整车电源，车辆开始自检，同时仪表上的"READY"指示灯亮起，如图4-3所示，然后上、下拨动档杆至所需档位，在确保周围环境安全的情况下，踩下加速踏板，车辆即可以行驶。如果"READY"指示灯没有亮起，则表明车辆无法进行高压上电，需要进行检修。完成档位切换后，仪表板会有当前档位信息显示，仪表板如图4-3所示。

图 4-3　纯电动汽车仪表板

三、纯电动汽车起动与操控应用实例

以广汽埃安Y纯电动汽车为例，介绍纯电动汽车起动与操控步骤，其他纯电动车型与之类似。

1. 起动车辆

起动车辆之前，需要检查是否连接有充电电缆，并确认充电口盖已关闭。纯电动汽车出于安全考虑，在车辆充电期间，变速杆禁止移出P位。当车辆未处于充电状态时，且智能钥匙位于车辆内，踩下制动踏板即可起动车辆，档位拨至D位车辆即可行驶。有时候在车辆充电完成后忘记拔出充电枪时，系统仪表会亮起提示，如图4-4所示。

图 4-4　充电确认以及仪表板显示

车辆起动后，仪表板上绿色的"READY"指示灯应点亮，表示车辆上电正常，如图 4-5 所示。在确认安全的前提下，车辆即可行驶。

图 4-5 组合仪表的 READY 指示灯

2. 车辆动力模式切换操作

在纯电动汽车中一般提供多种动力模式，驾驶员可根据不同场景选择使用。在广汽埃安 Y 中提供了 ECO 模式、NORMAL 模式、SPORT 模式、I-PEDAL 模式等，具体如下。

（1）ECO 模式 在 ECO 模式下，相对于 NORMAL 模式中相同的加速踏板位置，驱动力响应较为平缓，有助于降低电力消耗。使用 ECO 模式虽然动力响应平缓，但是可获得更长的续驶里程，如图 4-6 所示。

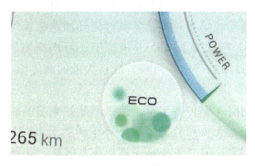

图 4-6 ECO 模式

（2）NORMAL 模式 在 NORMAL 模式下，驱动电机动力响应适中，可获得舒适的驾乘体验和适中的续驶里程，如图 4-7 所示。

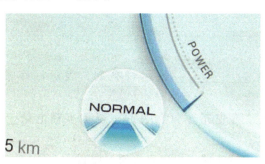

图 4-7 NORMAL 模式

（3）**SPORT 模式**　在 SPORT 模式下，驱动电机动力响应更快，并能够发挥最大加速度，更加具有驾驶乐趣，增强驾驶体验感，如图 4-8 所示。

图 4-8　SPORT 模式

（4）**I-PEDAL 模式**　I-PEDAL 模式即单踏板模式，此模式下驾驶员只需踩下、抬起和完全松开加速踏板，即可分别完成加速、减速和制动等操作。单踏板模式下，制动能量回收率较高，可以显著提高车辆续驶里程，尤其适合城市工况。

（5）**蠕行模式**　I-PEDAL 模式开启后，可在中控屏内开启或关闭 CREEP（蠕行）模式。开启蠕行模式后，起动车辆，切换至 D 位，释放驻车制动并松开制动踏板，此时不需要踩下加速踏板，车辆即可缓慢蠕行。

（6）**制动能量回收**　制动能量回收是将车辆制动或滑行过程中的一部分动能通过驱动电机转化为电能给动力蓄电池充电，从而延长车辆的续驶里程。驾驶员可通过中控屏设置制动能量回收等级，制动能量回收等级越高，驾驶时松开加速踏板的制动感越强烈。

在 ECO 模式、NORMAL 模式和 I-PEDAL 模式下，可根据需求选择制动能量回收等级。在 SPORT 模式下，制动能量回收等级不可调，默认为低回收等级。

3. 停车

在停车或驻车时，请勿将车辆停在干草、废纸或者碎布等易燃物上，否则可能会点燃易燃物并发生火灾。同时严禁在无人照管的情况下将车辆置于 READY 模式。停车时需将电源开关置于 OFF 位置，按下"P"位开关，牢固施加驻车制动。如果在斜坡上停车时，最好将车轮转向以防止车辆意外移动时进入道路。在车头朝向下坡的时候，向路缘方向转动车轮并确保有一侧接触到路缘。

思考与练习

一、填空题

1. 纯电动汽车仪表_____指示灯亮起，表示汽车高压上电完成，车辆可以_____。

2. 纯电动汽车仪表"充电指示灯"亮起，表示车辆电量_____，车辆需要进行_____。

3. 在纯电动汽车中没有变速器，可以直接通过控制_____调节_____。

4. 大多数纯电动汽车的换档杆有_____、N 位、_____等档位。

5. 在"P"位状态下，车辆_____停止工作，不会输出_____，同时减速器上的"P"位电机工作，驱动锁止机构固定_____，使车辆锁定不能移动。

6. 在"R"位状态下，车辆电机驱动系统进入_____状态，电机按照车辆倒退方向输出动力，同时根据驾驶员操纵加速踏板和车辆负荷等信息控制电机转速和转矩。

7. 在"N"位状态下，车辆电机驱动系统_____工作，电机不会输出动力，但车辆减速器没有锁定，车辆可以被移动（需要人工推车或被拖车拖动时挂入此档位）。

8. 在"D"位状态下，车辆电机驱动系统进入工作状态，电机按照车辆_____方向输出动力，同时根据驾驶员操纵_____和车辆负荷等信息控制电机转速和转矩。

9. 在广汽埃安 Y 中提供了_____、_____、SPORT 模式、I-PEDAL 模式等。

10. 在广汽埃安 Y 的 ECO 模式下，相对于 NORMAL 模式中相同的加速踏板位置，驱动力响应较为平缓，有助于_____电力消耗。

二、选择题

1. 电动汽车仪表上的 READY 指示灯点亮时相当于传统燃油汽车电源处于（　　　）档位。

A. ACC　　　　　B. ON　　　　　C. ST　　　　　D. OFF

2. 电池的荷电状态用（　　　）表示。

A. DOD　　　　　B. SOF　　　　　C. DTC　　　　　D. SOC

3. 制动能量回收是将车辆制动或滑行过程中的一部分（　　　）通过驱动电机转化为（　　　）给动力蓄电池充电，从而延长车辆的续驶里程。

A. 动能、电能　　B. 电能、电能　　C. 动能、机械能 D. 电能、动能

4. 在停车或者驻车时，请将档位置于（　　　）。

A. P 位　　　　　B. R 位　　　　　C. N 位　　　　　D. D 位

5. 新能源汽车整车涉水之后，需要注意（　　　）。

A. 车辆已经报废

B. 立刻关闭点火开关，离开车辆，并拨打 119

C. 继续开，以最快的速度脱离漫水区域

D. 拨开维修开关后，整车就不会有问题了

三、判断题

1. 在大雨中行驶或通过浅的河流后，驾驶车辆必须特别小心，因为被弄湿的制动器会使制动力暂时增强。　　　　　　　　　　　　　　　　　　　　　　　（　　　）

2. 动力蓄电池决定了新能源汽车的动力性、续驶里程，并影响整车制造成本。（　　　）

3. 纯电动汽车的仪表板与传统燃油汽车仪表板相比，其指示灯已经全部发生改变。（　　　）

4. 当纯电动汽车仪表上的故障指示灯为红色时，表示车辆仍然可以继续正常行驶。（　　　）

5. 在纯电动汽车中，从"P"位或"N"位挂入"R"位时，车辆必须处于 READY 状态。　　　　　　　　　　　　　　　　　　　　　　　　　　　　　　　（　　　）

四、简答题

1. 分析纯电动汽车的仪表板与传统燃油汽车仪表板的相同点和不同点。

2. 分析纯电动汽车的起动过程。

3. 分析广汽埃安 Y 制动能量回收工作的过程。

4.2 新能源汽车的充电

随着新能源汽车的普及，新能源汽车逐渐出现在大众视野当中。大部分新能源汽车都需要充电，就像燃油汽车需要加油一样。由于新能源汽车动力蓄电池储存的电能有限，且随着使用年期的增加，动力蓄电池循环寿命缩短，所以需要经常充电，甚至每天都需要充电。

一、新能源汽车常见的充电设备

1. 充电桩

充电桩属于车辆外部充电装置，主要作用就是为车辆提供电能。充电桩主要由充电桩本身和连接车辆充电的充电枪组成，其核心部件是充电桩。充电桩根据安装地点、安装方式、充电接口数量、充电方式，可分为不同的种类。

（1）按安装地点分 按照不同的安装地点，充电桩一般可分为公共充电桩、专用充电桩和自用充电桩。公共充电桩是建设在公共停车场（库），结合停车泊位，为新能源汽车提供公共充电服务的充电桩，如图 4-9 所示。

图 4-9 公共充电桩

专用充电桩一般是指各新能源汽车品牌专用或建设在单位自有停车场，提供给单位新能源汽车使用的充电桩，如图 4-10 所示。

图 4-10　专用充电桩

自用充电桩是指建设在个人自有车位（库），可供私人用户新能源汽车充电的充电桩，如图 4-11 所示。

图 4-11　自用充电桩

（2）**按安装方式分**　按照不同的安装方式，充电桩可分为落地式充电桩、挂壁式充电桩。落地式充电桩适合安装在不靠近墙体的停车位，如图 4-12 所示。挂壁式充电桩适合安装在靠近墙体的停车位，如图 4-13 所示。

（3）**按充电接口数量分**　按充电接口数量分，充电桩一般可以分为一桩一充充电桩和一桩两充充电桩。一桩一充充电桩可以满足一辆新能源车辆进行充电，如图 4-14 所示。一桩两充充电桩可以同时满足两辆新能源车辆进行充电，如图 4-15 所示。

（4）**按充电方式分**　按照不同的充电方式，充电桩可分为直流充电桩（图 4-16）、交流充电桩（图 4-17）和交直流一体充电桩（图 4-18）。直流充电桩只能对车辆进行直流充电（快充），即从直流充电枪出来的电流就是直流电，可以直接给动力蓄电池充电。交流充电桩只能对车辆进行交流充电（慢充），即从交流充电枪出来的电流是交流电，必须经过车载

图 4-12　落地式充电桩

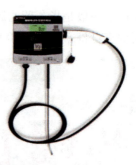

图 4-13　挂壁式充电桩

图 4-14　一桩一充充电桩

图 4-15　一桩两充充电桩

图 4-16　直流充电桩

图 4-17　交流充电桩

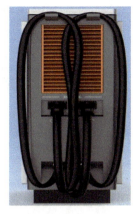

图 4-18　交直流一体充电桩

充电机转化之后才能给动力蓄电池充电。交直流一体充电桩即同时具备直流充电桩和交流充电桩的功能，但是与直流充电桩、交流充电桩相比，价格比较昂贵。

2. 充电枪

充电枪主要是连接车辆和充电桩，给纯电动汽车和插电式混合动力汽车进行电能补充使用。为保证桩和枪的连接一致性和使用的方便性，国家标准规定充电枪分为交流充电枪和直流充电枪，两者结构有所不同，其中交流充电枪是 7 芯端口（图 4-19），直流充电枪是 9 芯端口（图 4-20）。

图 4-19　交流充电枪

图 4-20　直流充电枪

二、新能源汽车充电系统的类型

新能源汽车的充电系统根据充电方式和充电时间的不同可分为不同的类型。

1. 按充电方式分类

按照纯电动汽车的充电方式不同可以将充电系统分为接触式和感应式两种类型。它们分别具有不同的特点，具体如下。

（1）接触式　接触式充电也称为耦合或传导式充电。接触式充电方式如图 4-21 所示，通过交流充电枪或直流充电枪直接连接新能源汽车上的充电插座，对动力蓄电池进行电能补充。现在的纯电动汽车一般采用接触式充电。

（2）感应式　感应式充电方式主要是利用电磁感应原理（图 4-22），在充电器端和用电设备端各装有一个线圈，如果在初级线圈上通入一定频率的交流电，则会产生一个变化的磁

图 4-21　接触式充电

场，附近的次级线圈在变化磁场的作用下会产生一定的感应电动势，从而将充电器端的电能转移到用电端，对动力蓄电池等用电设备进行充电。

图 4-22　感应式充电

2. 按充电时间分类

按充电时间不同可以将充电系统分为交流充电系统（常规充电）和直流充电系统（快速充电）两种类型。

（1）交流充电系统　交流充电实际上只提供电力输出，相当于只是起了一个控制电源的作用，本身并没有充电功能，需连接车载充电机为动力蓄电池充电。充电时，交流充电桩连接电网电源插头接入车辆的交流充电口，通过车载充电机将 220V 交流电转化为直流电，为动力蓄电池充电。充电电流约为 8~16A，一般电池充满电需要 5~8h。

（2）直流充电系统　直流充电（图 4-23）是直流充电桩直接将直流高压电通过车辆直流充电插座为动力蓄电池充电。一般情况下，直流快充的充电电流为 100~400A，30min~1h 内可以充到电池电量的 80%左右，1.5h 左右即能充满电。

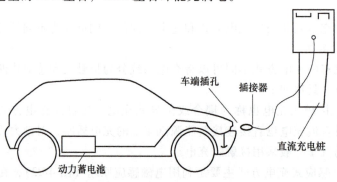

图 4-23　直流快充示意图

三、新能源汽车的充电操作及相关注意事项

1. 新能源汽车充电步骤

新能源汽车充电就如同传统燃油汽车加油一样，都必须遵循相应的操作步骤。不同的是传统燃油汽车加油由专门的工作人员负责，而新能源汽车充电是车主自行操作完成。因此，在进行充电时一定要规范操作，防止安全事故的发生。具体的操作步骤如下。

1）将新能源汽车倒入充电专用停车位。

2）关闭点火开关。

3）打开充电口保护盖，如图 4-24 所示。

4）从充电桩上垂直拔出充电枪，如图 4-25 所示。

图 4-24 打开充电口保护盖

图 4-25 垂直拔出充电枪

5）将充电枪插入充电口，如图 4-26 所示。

图 4-26 将充电枪插入充电口

6）等待充电桩与车辆连接。

7）连接成功，对车辆进行充电，如图 4-27 所示。

8）充电完毕后，按下充电枪按钮，拔出充电枪，如图 4-28 所示。

9）关闭车辆充电口保护盖。

10）将充电枪放回充电桩，如图 4-29 所示。

2. 新能源汽车充电注意事项

在进行新能源汽车充电时，有一些相关的注意事项一定要引起重视，防止在充电过程中对人或车造成伤害，一些常见的充电注意事项如下。

图 4-27　对车辆进行充电

图 4-28　拔出充电枪

图 4-29　将充电枪放回充电桩

1）充电前需确认车辆的状态是否良好，充电设备是否正常。充电开始后要确认电压和电流都是在正常范围内时，才能离开现场。如果有条件，应该定时查看充电状态是否正常。

2）新能源汽车高温暴晒后不能立即充电，长时间暴晒后，电池温度上升，立刻充电会加速车内线路老化、损坏。

3）雷雨天不建议充电。下雨天并且有打雷的时候不建议进行充电，避免雷击，引发安全事故。

4）新能源车辆充电的时候，不要在高于55℃的环境下搁置超过24h，或在低于25℃的环境下搁置超过一天。

5）充电时要避免充电线受到暴晒。长时间暴露在高温下会导致充电线过热。

6）新能源汽车充电的时候不建议开启车内空调，开空调会加大电池内部的电荷负载，加快电池衰减，降低电池使用寿命。

7）新能源车辆充电的时候人员最好不要在车内停留。充电过程中存在高电压、高电流等危险因素，要以防万一。

思考与练习

一、填空题

1. 充电桩属于车辆_____，主要作用就是为车辆_____。充电桩主要由充电桩本身和连接车辆充电的_____组成，其核心部件是_____。

2. 充电桩根据安装地点、_____、充电接口数量、_____，可分为不同的种类。

3. 按照不同的安装地点，充电桩一般可分为_____、专用充电桩和_____。

4. 按照不同的安装方式，充电桩可分为_____、_____。

5. 按照不同的充电方式，充电桩可分为_____、交流充电桩和交直流一体充电桩。

6. _____主要是连接车辆和充电桩，给纯电动汽车和插电式混合动力汽车进行电能补充使用。

7. 按照纯电动汽车的充电方式分类，可以将充电系统分为_____和_____两种类型。

8. 按充电时间进行分类，可以将充电系统分为_____和直流充电系统两种类型。

9. 接触式充电方式通过_____或直流充电枪直接连接新能源汽车上的充电插座，对动力蓄电池进行电能补充。

10. 交流充电实际上只提供_____，相当于只是起了一个_____的作用，本身并没有充电功能，需连接_____为电动汽车充电。

二、选择题

1. 直流充电与交流充电的根本区别在于（　　）。
   A. 直流充电功率更大　　　　　　　　B. 直流充电电压更高
   C. 直流充电桩输出的是高压直流电　　D. 直流充电电流更大

2. 连接电动汽车到电网（电源）给电动汽车供电的方法叫做（　　）。
   A. 充电模式　　　B. 充电方式　　　C. 连接模式　　　D. 连接方式

3. 使用电缆和插接器将电动汽车接入电网（电源）的方法叫做（　　）。
   A. 充电模式　　　B. 充电方式　　　C. 连接模式　　　D. 连接方式

4. 对于直流充电的车辆接口，应在车辆插头上安装（　　）装置，防止车辆接口带载分断。
   A. 气压锁止　　　B. 液压锁止　　　C. 电子锁止　　　D. 机械锁止

5. 电动汽车充电时，当拔出供电插头或车辆插头时，（　　）应最后断开。

A. 接地端子　　　　B. 相线端子　　　　C. 中性端子　　　　D. 控制导引端子

6. 电动汽车交流充电车辆接口和供电接口分别包含（　　）对触头。

A. 7　　　　　　　B. 8　　　　　　　C. 9　　　　　　　D. 10

7. 直流充电枪是（　　）芯端口。

A. 7　　　　　　　B. 8　　　　　　　C. 9　　　　　　　D. 10

8. 交流充电桩是指采用传导方式为具有（　　　）的电动汽车提供交流电源的专用供电装置。

A. DC/DC 变换器　　B. 电机控制器　　C. 高压控制盒　　D. 车载充电机

9. 车载充电机的功能不包括（　　　）。

A. 识别 CC/CP 信号　　　　　　　　B. 将交流电转换为高压直流电

C. 吸合交流充电接触器　　　　　　　D. 故障诊断

10. 交流充电电路不会经过的高压元器件是（　　　）。

A. 交流充电口　　B. OBC　　　　C. MCU　　　　D. PDU

三、判断题

1. 为了保证安全，新能源汽车在充电的时候，不得依靠本身的驱动系统移动。（　　）

2. 车辆只要能够交流充电，就一定可以上电成功。（　　）

3. 未插充电枪，仪表充电指示灯亮，可能是充电指示灯控制线搭铁。（　　）

4. 充电设备不接地线一样可以为整车充电。（　　）

5. 交流充电时，通过数据流不能看到的信息是充电电流。（　　）

6. 车载充电机将交流电整流成直流电，为低压电池充电。（　　）

7. 充电接口应有锁止功能，用于防止充电过程中的意外断开。（　　）

8. 直流充电时车载充电机也要参与充电工作。（　　）

9. 电动汽车直流充电系统是指为电动汽车动力蓄电池提供直流电源的充电系统。（　　）

10. 车辆只要能够上电成功，整车就可以正常充电。（　　）

四、简答题

1. 分析纯电动汽车直流充电系统和交流充电系统的工作过程。

2. 分析新能源汽车的充电步骤。

3. 分析新能源汽车充电相关注意事项。

阅读小资料

汽车行业技术突破专利封锁，实现产业弯道超车：传统动力汽车的核心部件——发动机和变速器，一直以来落后于国外老牌车企。我国汽车行业起步晚，发展时间短，虽然自1984年开始通过合资，以市场换技术的方式来推动国内汽车行业的发展，尤其是近20年来自主品牌技术突飞猛进，家用汽车发动机的可靠性已经达到先进水平，但是关键核心技术仍掌握在国外车企手中，自主品牌车企与外国车企仍有差距，具体表现就是发动机的油耗高，动力性和静谧性相对较差。而在自动变速器领域，尤其是AT变速器，与外国车企的差距更大，主要受限于专利壁垒，技术路线难以突破。在这层专利壁垒下，国产自动变速器的市场占有率不足20%。自主品牌的畅销车型所搭载的自动变速器，大多都是采购的外国品牌，不仅需要向外国车企缴纳高昂的专利费，还极易发生被卡脖子的状况。而新能源汽车不依赖发动机和变速器（纯电动汽车不需要发动机和变速器，混合动力车辆对发动机和变速器的要求很低），因此可以实现自主品牌在汽车行业弯道超车，彻底改变国内汽车市场长期被外国品牌占据的局面。

5

第5章
新能源汽车高压作业安全与防护

5.1 新能源汽车高压作业安全与防护要求

新能源汽车的动力蓄电池、驱动电机及电机控制器等系统存在高压电，在汽车生产和设计过程中，已经从结构上采取了安全措施，防止车辆在使用和维修过程中的人员触电事故。但在实际使用中，仍然存在很多安全隐患。作为新能源汽车的使用和维修人员，必须熟知高压电的危害，掌握如何做好安全防护措施，以便有效地防止各类安全事故的发生。

一、高压与低压的标准

高压与低压指的是电压的高低。在国家标准 GB 18384—2020《电动汽车安全要求》中，根据不同电压等级可能对人体造成的伤害和危险，考虑到空气的湿度和人体在不同工作环境下的电阻，在电动汽车中，基于安全考虑将电压分为 A 和 B 两个级别，见表 5-1。

表 5-1 电压的类型及范围

电压级别	工作电压/V	
	DC（直流）	AC（交流）
A	$0<U \leqslant 60$	$0<U \leqslant 30$
B	$60<U \leqslant 1500$	$30<U \leqslant 1000$

A 级电压是较为安全的电压等级，直流电压小于或等于 60V、交流电压小于或等于 30V 时，该电压下的维护人员不需要采取特殊的防电保护，但也需要防止安全事故的发生。

B 级电压会对人体产生较大伤害，甚至会威胁人的生命安全。电动汽车的高压通常被认为是 B 级电压。在该电压下必须采取必要的防护措施对可能接触到高压的人员进行保护。

二、高电压对人体的危害

大多数纯电动汽车或混合动力电动汽车的动力蓄电池电压都设计在 280V 以上，如吉利帝豪 EV300 动力蓄电池总电压在 350V 左右。

如上所述，通常当人体接触到 30V 以上的交流电，或 60V 以上的直流电时，就有可能发生触电事故。人体的触电并不是指人体接触到了很高的电压，而是因为高的电压通过人体这个电阻后，会在人体中形成电流，从而导致人体受到伤害，因此高电压伤害人体的本质是电流。当电压高到一定值以后，会有相应的电流流过人体，如图 5-1 所示。

当人体内通过的电流约为 10mA 时，到达了导出电流的极限，人体开始收缩，无法再导

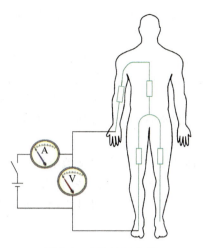

图 5-1　电流流过人体

出电流，电流的滞留时间也相应增加。30～50mA 交流电的长时间滞留会导致人体呼吸暂停以及心室纤维性颤动。经过人体的电流约为 80mA 时，被认为是致命值，见表 5-2。一般储存能量大于 350mJ 时也存在着电气危害。

表 5-2　通过人体的电流大小对人体的危害程度

通过人体的电流大小/mA	对人体的危害程度
1～5	产生麻木感
8～10	手摆脱电极已感到困难，手指关节有剧痛感
20～25	手迅速麻痹，不能自主摆脱电极，呼吸困难
30～50	呼吸暂停以及心室纤维性颤动
80～100	呼吸麻痹，3s 后心脏开始麻痹并停止跳动

电流对人体的伤害主要有三种形式：电击（图 5-2）、电伤和电磁场伤害。

图 5-2　电击

1）电击是指电流通过人体，破坏人的心脏、肺及神经系统的正常功能。

2）电伤是指电流的热效应、化学效应和机械效应对人体的伤害。主要指电弧烧伤、熔化金属溅出烫伤等。

3）电磁场伤害是指在高频磁场的作用下，人会出现头晕、乏力、记忆力减退、多梦等神经系统的症状。

一般认为，电流通过人体的心脏、肺部和中枢神经系统的危险性较大，特别是电流通过心脏时，危险性最大。所以从手到脚的电流途径最为危险，因为沿该条途径有较多的电流通过心脏、肺部等重要器官；其次是从一只手到另一只手的电流途径。此外，人触电后还容易因剧烈痉挛而摔倒，导致电流通过全身并造成摔伤、坠落等二次事故。通常，产生伤害最多的是电击事故。

直流与交流电压都会对人体造成伤害，但是交流电压对人体伤害的阈值却只有直流电压的50%。交流电压在人体内产生交流电流，会触发肌肉组织和心脏产生颤动。交流电压的频率越低，危险性越高。交流电会触发心室纤维性颤动，如果不进行急救很快就会致命。

三、高压作业安全防护

1. 个人安全防护

新能源汽车检测与维修人员在维修新能源汽车高压部件时，必须做好防止被高压电击伤的安全防护措施。

防止触电的个人防护设备主要包括绝缘手套、护目镜、绝缘鞋、安全帽以及非化纤材质的工作服等。

（1）绝缘手套 如图5-3所示，用于新能源车辆高压系统维修的绝缘手套通常有两种独立的性能，一是在进行任何有关高压组件或线路的操作时，需要使用橡胶制成的电工绝缘手套，绝缘手套要能够承受1000V以上的工作电压；二是具备抗碱性，当工作中接触来自高压动力蓄电池组的氢氧化物等化学物质时，绝缘手套能够防止这些物质对人体组织的伤害。

图5-3　绝缘手套

高压绝缘手套不可用于触电防护之外的其他任何类型的防护，并且高压绝缘手套易受割伤、磨损、高温和化学劣变的影响。这些因素将导致手套永久失效，因此维修人员应在每次使用高压绝缘手套前检查其是否受损。检查方法包括目视检查和吹气检查。

目视检查是指使用高压绝缘手套前，维修人员应对每副手套进行仔细检查，查看手套是否存在裂纹、裂缝或褪色等物理损坏，并将手套内面彻底翻出，以便清楚地观察到手套的全部表面。高压绝缘手套表面必须平滑，内外表面应无针孔、疵点、裂纹、砂眼、杂质、修剪损伤和夹紧痕迹等各种明显缺陷，以及明显的波纹及铸模痕迹。此外，不允许有染料污染痕迹。

吹气检查指完成一次彻底的外观检查后，维修人员应对绝缘手套进行吹气，具体操作方法如图5-4所示，若手套无法充分鼓起，则必须更换。

图5-4 绝缘手套吹气检查

（2）**护目镜** 护目镜是新能源汽车检测维修人员必须佩戴的眼镜，如图5-5所示。护目镜可以防止在维修过程中电池液体飞溅进入眼睛内对眼睛造成伤害。同时，护目镜还有防止电火花飞溅进入眼睛的作用。

图5-5 护目镜

（3）**绝缘鞋** 绝缘安全鞋（靴）的作用是使人体与地面绝缘，防止电流通过人体与大地构成回路对人体造成电击伤害，把触电时的危险降到最低。因为触电时电流是经接触点通过人体流入地面的，所以电气作业时不仅要戴绝缘手套，还要穿绝缘鞋。如图5-6所示，绝缘鞋具有防静电、耐磨、防滑等功能。

绝缘鞋也要定期进行检验，在使用前，首先要检查绝缘鞋表面是否完好无损伤，如有砂眼、漏气，必须禁止使用。使用后需将绝缘鞋擦拭干净，保存在专门的位置。同时，应检查绝缘鞋是否在试验期内，试验合格证是否完好。如绝缘鞋试验不合格，则禁止使用。

（4）**安全帽** 安全帽可以防止维修人员在车辆底部检查时头部受到撞击，同时还可以起到防静电和绝缘的作用，如图5-7所示。

图5-6 绝缘鞋

图5-7 安全帽

安全帽在使用之前也需要做"三证"标识及外观检查，检查安全帽是否有生产许可证、产品合格证和安全鉴定证。同时，要查看永久性标识和产品说明是否齐全、准确。最后，安全帽不能有破损或附件不全等情况。另外，安全帽的佩戴必须符合标准，否则起不到充分的防护作用，如图5-8所示。

图5-8　安全帽的正确佩戴

（5）非化纤工作服　维修新能源汽车高电压系统时，必须穿非化纤类的工作服。化纤类的工作服会产生静电，并且当发生火灾事故时，化纤会在高温环境下粘连人体皮肤，对维修人员造成严重的二次伤害。

2. 高压作业安全防护设备及工具

（1）绝缘工具　维修人员在维护新能源汽车高压系统时，必须使用带有绝缘功能的专用工具。绝缘工具要求使用国家Ⅱ类以上，具有双重绝缘或加强绝缘的电动工具。绝缘工具的使用，可以有效地防止意外触电事故的发生。绝缘工具包括套筒、活扳手、螺丝刀、钳子、电工刀等，同时也包括专用的仪表，如数字万用表等，如图5-9所示。

图5-9　绝缘工具与绝缘仪表

（2）放电棒　放电棒又称伸缩型高压放电棒、高压放电棒等。便携式伸缩型高压放电棒在新能源汽车高压蓄电池断电或更换其他高压组件时使用，可以对高压组件上积累的电荷对地放电，确保人身安全，如图5-10所示。

（3）绝缘钩 绝缘钩适用于所有带电工作场所的救援工作，是一种带电工作环境下十分有用的新型救援用安全工具。用此工具可将受伤的施工人员或物体安全地拖出危险区域，属于必备安全工具，如图 5-11 所示。

图 5-10　放电棒

图 5-11　绝缘钩

（4）绝缘垫 绝缘垫用作维修时带电等工作场合的台面或铺地绝缘材料，采用橡胶类或其他材料制作，上、下表面均应采用皱纹状或菱形花纹状等防滑设计，具有较大的体积电阻率和耐电击穿特性。绝缘垫一般有卷筒型和特殊型两种类型，如图 5-12 所示。在使用前要对绝缘垫进行外观及尺寸检查，绝缘垫上下表面均不应存在有害的缺陷，如小孔、裂缝、局部隆起、切口、夹杂导电异物、折缝、空隙等。

图 5-12　绝缘垫

思考与练习

一、填空题

1. A 级电压是较为安全的电压等级，直流电压_____、交流电压_____，属于 A 级电压范围。

2. 在 B 级电压下必须采取必要的_____对可能接触到高压的人员进行保护。

3. 通常当人体接触到_____的交流电，或_____的直流电时，人体就有可能发生触电事故。

4. 电流对人体的伤害主要有三种形式，即：_____、_____和_____。

5. 一般认为，电流通过人体的_____、_____和_____的危险性较大，特别是电流通过_____时，危险性最大。

6. 防止触电的个人防护设备主要包括_____、_____、_____、_____和_____等。

7. 高压作业安全防护设备主要包括_____、_____、_____和_____等。

二、判断题

1. 电动汽车的高压通常被认为是 B 级电压。　　　　　　　　　　（　　）

2. B 级电压对人体会产生较大伤害，甚至会威胁人的生命安全。　（　　）

3. 人体的触电是指人体接触到了很高的电压。　　　　　　　　　（　　）

4. 电流从人体一只手流到另外一只手的路径对人体的危害最大。　（　　）

5. 绝缘手套必须能够承受 500V 以上的工作电压。　　　　　　　（　　）

6. 绝缘鞋使用过程中不需要做定期检验。　　　　　　　　　　　（　　）

7. 绝缘工具要求使用国家Ⅱ类以上，具有双重绝缘或加强绝缘的电动工具。（　　）

三、简答题

1. 简述绝缘手套的检查方法。

2. 简述绝缘鞋的作用。

5.2　新能源汽车维修车间高压作业安全

一、新能源汽车维修车间安全管理

新能源汽车的检测与维修必须配备专门的维修工位，地面要做绝缘处理，且需要和普通维修工位进行隔离。维修工位的布置应做到清洁，干燥，通风良好。同时，参照国家标准和行业标准，布置高压维修场地时需要注意以下事项。

1. 制度、操作规程等需要张贴在明显的位置

为保证新能源汽车维修时的安全，相关的新能源汽车维修制度、操作规程必须张贴在维修工位明显的位置，以便时刻提醒维修人员注意安全，如图 5-13 所示。

2. 安全隔离带、警示牌设置规范完整

当进行新能源汽车高压维修作业时，应在维修场地周围设置安全隔离带，放置安全警示牌，防止无关人员进入维修区域，埋下安全事故的隐患。隔离带上的"止步，高压危险！"字样必须面向维修场地的外侧，提醒无关工作人员禁止入内。安全隔离带如图 5-14 所示。

3. 安全标志布置规范

安全标志的作用是使影响安全与健康的对象或环境能够迅速引起人们的注意，并使特定信息获得快速理解，但是安全标志布置错误也会导致事故的发生，布置时应遵循以

图 5-13 操作规程

图 5-14 安全隔离带

下规则。

1）安全标志应设在与安全有关的醒目的地方，并使大家看见后，有足够的时间来注意它所表示的内容。

2）局部信息标志的设置高度应视具体情况确定，应设在所涉及的相应危险地点或设备（部件）附近的醒目处。

3）标志牌不应设在门、窗、架等可移动的物体上，以免标志牌随母体物体相应移动，影响认读，并且标志牌前不得放置妨碍认读的障碍物。

4）多个标志牌在一起设置时，应按警告、禁止、指令、提示类型的顺序，先左后右、先上后下地排列，如图 5-15 所示。

4. 消防设施

消防设施主要有消防栓系统、火灾自动报警系统及防烟和排烟系统。消防设施的设置应根据建筑的用途及其重要性、火灾危险性、火灾特性和环境条件等因素综合确定。电动汽车高压维修区域常备灭火器如图 5-16 所示。

a) 警告安全标识

b) 禁止安全标识

c) 指令安全标识

d) 提示安全标识

图 5-15　安全标识排列顺序

a) 二氧化碳灭火器

b) 干粉灭火器

c) 水基灭火器

图 5-16　常用灭火器

二、新能源汽车高压维修人员要求

按照国家规定，新能源汽车高压维修人员必须考取国家安全生产监督管理总局颁发的《特种作业操作证》（低压电工上岗证），同时，必须通过汽车主机厂相关车型的培训考核，才能从事新能源汽车的检测与维修工作。

另外，在车辆维修期间，必须同时有两名持有上岗证的人员进行工作，其中一名人员作为工作监护人，工作职责为监督维修的全过程。当发生触电事故时，监护人员应该立即采取有效措施进行急救。同时新能源汽车高压维修人员的身体和着装方面应满足以下要求。

1）携带或体内植入用于维持生命或健康的电子医疗器械的人员不允许进入新能源汽车高压作业场地。因为在高压维修作业时，可能产生强电磁干扰，影响电子产品工作性能，对携带人员产生危害。

2）不具备辨色能力的人员不允许从事电动汽车高压作业。按照国家标准要求高压线束应为橙色，如图 5-17 所示。不具有辨色能力的人员不具备从事电动汽车高压作业的资格，否则容易导致事故的发生。

3）从事新能源汽车高压作业时，操作人员不得佩戴金属类饰品，例如手表、戒指、拉锁、耳饰等，工作服衣袋内不得有金属物件，例如钥匙、金属壳笔、手机、硬币等，以免金属物品掉落或触碰带电部件发生短路或触电危险。此外，操作人员不得把与操作无关的工具

图 5-17　新能源汽车高压电缆

带入工作场地。

4）在新能源汽车高压检修过程中，电动汽车检修人员应做到衣着规范、整齐，必须穿工作服，女生、特别是留有长发的人员须戴工作帽，以免带来不便和危险。

三、新能源汽车维修规范

1）在拆解维修高压系统前，必须首先执行高电压禁止流程。高电压禁止操作程序如下：

① 关闭车辆点火开关，断开 12V 蓄电池负极。

② 将钥匙放到安全区域或者交给专人保管。

③ 佩戴绝缘手套，拔下检修塞（MSD 开关），并放到安全区域。

④ 等待 5min 以上，以保证车辆高压系统电能全部释放完成。

⑤ 佩戴绝缘手套，做好电压验证，确保整车无高电压输出，才能进行车辆拆解检修工作。

2）严禁非专业人员对高压部件进行移除及安装。

3）对于从车辆上拆卸下来的高压安全配件必须做好明显的"高压勿动"标识，并禁止将带有高压电的部件放置在无人看管的环境下。

4）非持证人员禁止进行新能源车辆维修。

5）车辆在充电过程中不允许对高压部件进行拆装、维修等工作。

6）维修完毕车辆上电前，必须确保车辆内无操作人员。

思考与练习

简答题

1. 简述新能源汽车高压维修作业时安全隔离带及警示牌的设置规范。

2. 简述新能源汽车高压维修作业时安全标志的设置规范。

3. 简述新能源汽车高压维修作业对于人员的要求。

4. 简述新能源汽车维修规范。

阅读小资料

双模技术：比亚迪汽车公司是国内首家研发插电式混合动力技术的车企。2008 年，比亚迪发布了第一代双模技术，该技术于 2015 年获得中国专利金奖。目前，双模技术的累计装车量突破 30 万辆，达到全球装车量第一。相较同级车型，搭载双模技术的比亚迪车型表现出了优异的性能，如全新一代唐 DM 百千米加速仅需 4.5s。对比传统燃油汽车，双模车型更加适合家庭使用，短途纯电经济平顺、长途油电混合增程续航。

参 考 文 献

［1］ 高建平，郗建国. 新能源汽车概论［M］. 北京：机械工业出版社，2018.
［2］ 鲁植雄. 新能源汽车［M］. 南京：江苏凤凰科学技术出版社，2020.
［3］ 吴兴敏，金玲. 新能源汽车［M］. 北京：化学工业出版社，2021.
［4］ 崔胜民. 混合动力汽车技术解析［M］. 北京：化学工业出版社，2021.
［5］ 陈社会，孙旭，陈立新，等. 混合动力汽车构造与维修［M］. 2 版. 北京：机械工业出版社，2021.
［6］ 崔胜民. 新能源汽车技术［M］. 3 版. 北京：北京大学出版社，2020.
［7］ 朱德乾，吴忠. 新能源汽车概论［M］. 上海：上海交通大学出版社，2021.
［8］ 李学辉. 新能源汽车概论［M］. 北京：中国劳动社会保障出版社，2020.